5世紀近江の盟主

椿山古墳の実像に迫る

栗東市教育委員会
(公財)栗東市スポーツ協会 [編]

口絵１　椿山古墳

口絵２　椿山古墳（上空から）

口絵３　椿山古墳周濠内の作業風景

口絵４　周濠から墳丘を見る

口絵５－１　笠形木製品４表

口絵５－２　笠形木製品４裏

口絵５－３　笠形木製品６表

口絵５－４　笠形木製品６裏

口絵６　笠形木製品出土状況

口絵７　クリーニング作業のようす

発刊にあたって

栗東市《りっとう》は交通の要衝として古代から栄え、集落や古墳をはじめ多くの埋蔵文化財が分布しています。公益財団法人栗東市スポーツ協会は、文化財の調査機関として日々市内遺跡の発掘調査を実施させていただいておりますが、その調査成果の一つとして、平成二九年（二〇一七）に椿山《つばきやま》古墳周濠《しゅうごう》の調査で発見されたのが「木製埴輪《はにわ》」ともいわれる笠形《かさがた》木製品です。

この笠形木製品は、世界遺産にも登録された応神陵《おうじんりょう》古墳（大阪府羽曳野《はびきの》市）出土例に次ぐ、国内最大級であり、椿山古墳をはじめとする安養寺《あんようじ》古墳群、ひいては古墳時代を知るうえで貴重な資料となりました。令和元年（二〇一九）一二月にこの笠形木製品の保存処理が完成したのを記念して、栗東市教育委員会・公益財団法人栗東市スポーツ協会の主催、安養寺景観まちづくり協議会里山部会・郷《さと》やまの会の共催、栗東市ボランティア観光ガイド協会のご協力により、シンポジウム「5世紀近江の盟主～椿山古墳の実像に迫る～」を開催し、一〇〇名の方にご参加いただきました。

このシンポジウムでは、地域が誇る文化財「椿山古墳」と、出土した笠形木製品について、古墳時代研究の第一人者であります一瀬和夫氏（京都橘大学）、高橋克壽《かつひさ》氏（花園大学）をお迎えし、熱い討論が行われました。このシンポジウムでの成果は地域の歴史を物語る貴重な成果となったことから、記録に残し多くの方に知っていただくため、記録集を刊行させていただくことになりました。

最後になりましたが、シンポジウムの開催、記録集の刊行にあたりまして、ご協力いただいた講師の先生方、安養寺景観まちづくり協議会里山部会・郷やまの会をはじめとした地域の皆様、資料のご提供をいただきました関係機関の皆様に謝意を申し上げます。

令和三年三月

公益財団法人栗東市スポーツ協会

会長　竹村　健

刊行によせて

日頃は本市の文化財保護にご支援ご協力いただきまことにありがとうございます。

今回のシンポジウムは、「栗東市元気創造事業」として、地域の皆様と、調査機関である公益財団法人栗東市スポーツ協会、教育委員会が一体となって取り組む事業として実施されました。

栗東市安養寺では、平成二三年度（二〇一一）に「安養寺景観まちづくり」として協議会を立ち上げ、まちづくり計画を話し合っています。平成二五年（二〇一三）には、協議会の歴史・文化部会として「里山部会」がもたれ、市史跡椿山古墳において階段づくりや草刈り等の環境整備、椿山学習会やイベントへの参加など多様な活動が行われています。歴史文化の保存活用にはこうした地域の方々の尽力が欠かせないものです。

平成二九年（二〇一七）に椿山古墳周濠から出土し話題を集めた日本最大級の笠形木製品は、市の文化財としての価値を鑑み、約一年半をかけて保存処理が行なわれました。処理をすることにより、博物館等の展示などでより多くの皆様に見ていただくことができるようになりました。

このシンポジウムは笠形木製品の保存処理完成を記念して実施されました。本書の刊行により、研究成果を広く知っていただくとともに、栗東市の豊かな歴史文化の保存活用ににについて考えていただく機会となることを祈念いたします。

令和三年三月

栗東市長　野村昌弘

目次

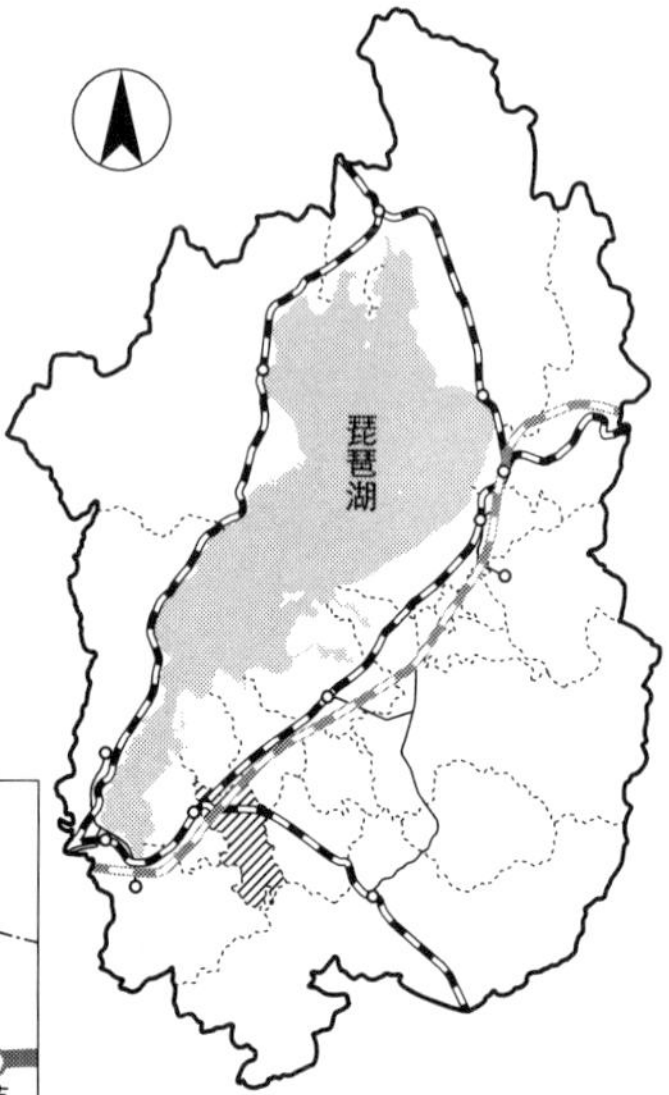

栗東市の位置

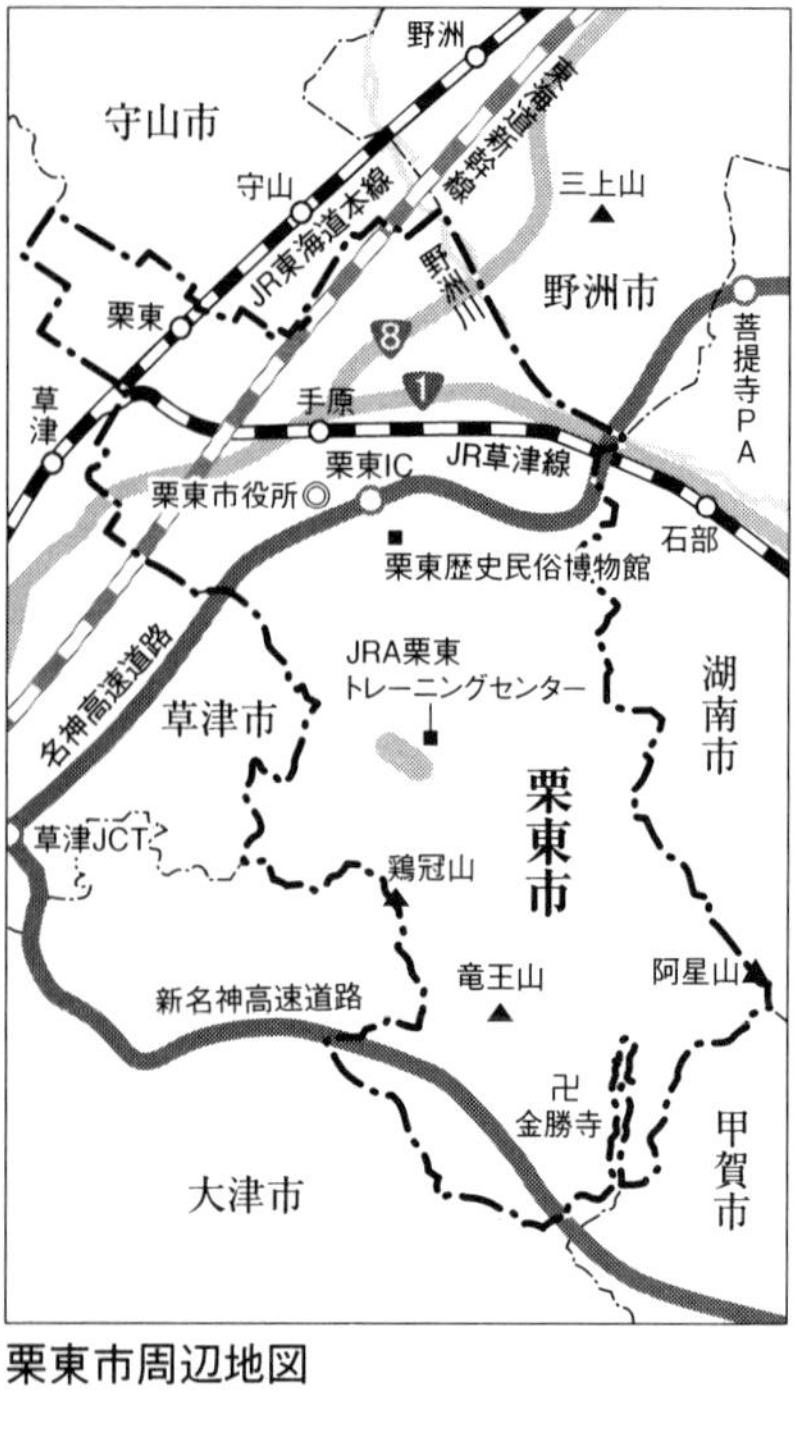

栗東市周辺地図

報告　椿山古墳の発掘調査

公益財団法人栗東市スポーツ協会　近藤　広

椿山古墳の位置と形状

ここでは平成二九年（二〇一七）に調査をいたしました椿山《つばきやま》古墳の内容を中心として概要を紹介し、椿山古墳の性格がどのようなものなのかということを考える題材になればと思っております。まず椿山古墳の位置について、皆様の中にはすでに見られた方もいらっしゃると思うのですが、会場のちょうど裏手に大きな丸い古墳が見えます。

地図（図1）で言いますと、中央やや上に前方後円墳の形で示している①と表示した部分でございます。その背後には、濃い色で示した山が続く場所に安養寺山がありますが、ちょうど椿山古墳と安養寺山の間にカーブを描く線が延びています。これが名神高速道路です。名神高速道路をつくるときにもたくさんの古墳が見つかり、安養寺山の山麓周辺にはたくさんの古墳が集中していることがわかっています。

今回対象となる椿山古墳もその古墳の一つで、この古墳がどのような位置づけになるのか簡単に申しますと、いま現在は栗東周辺を「栗太《くりた》郡」とは言わないのですが、以前は栗東市、草津市、守山市の南部、あと大津市の瀬田のあたり全体を含めた地域を栗太郡と呼んでいました。実は椿山古墳というのは、その広い地域での一番の権力者の古墳ではないかといわれているものです。この安養寺山周辺ですが、代々栗太郡の首長墓が順番につくられてきた場所です。実際の年代で言いますと、少なくとも古墳時代の前半にあたる四世紀の終わり頃には首長墓がつくられていました。

申し遅れましたが、椿山古墳の年代は五世紀前半くらい、後で対象となります応神《おうじん》天皇陵（誉田御廟山《こんだごびょうやま》古墳）や仁徳《にんとく》天皇陵（大山古墳）、それに近しい時期の古墳と考えていただければ結構です。その時期（五世紀前半）くらいまでは、代々栗太郡で一番偉い人物のお墓がこの周辺部につくられていったということです。

図2を見ていただくと、右上の方に「野洲《やす》川」と書いてあります。この地域は野洲川という大きな川が流れていまして、もう一つ「境《さかい》川」という川が地図の上にありますが、境川というのは、栗太郡と野洲郡を分ける境に存在する川です。境川の左岸にあたる地域は、南側にあたる栗東側と、北側の守山側に分けられ、それぞれの古墳を支えていた母体となる集落がありました。

図1　椿山古墳の位置

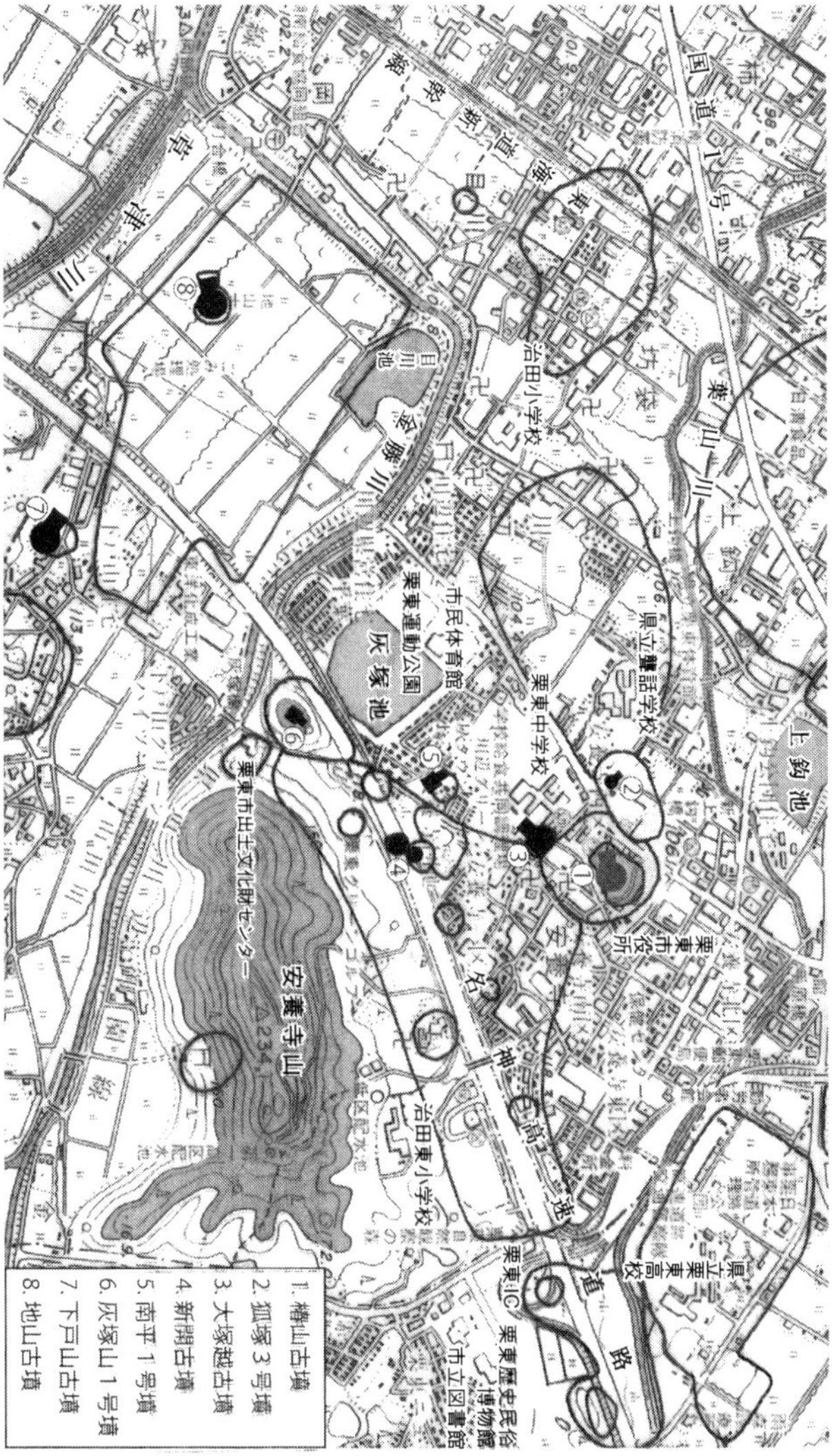
1. 椿山古墳
2. 狐塚3号墳
3. 大塚越古墳
4. 新開古墳
5. 南平1号墳
6. 灰塚山1号墳
7. 下戸山古墳
8. 地山古墳
国道1号
上鈎池
県立聾話学校
栗東市役所
栗東中学校
治田小学校
市民体育館
栗東運動公園
灰塚池
目川池
金勝川
安養寺山
栗東市出土文化財センター
治田東小学校
県立栗東高校
栗東IC
栗東歴史民俗博物館
市立図書館
名神高速道路
草津線

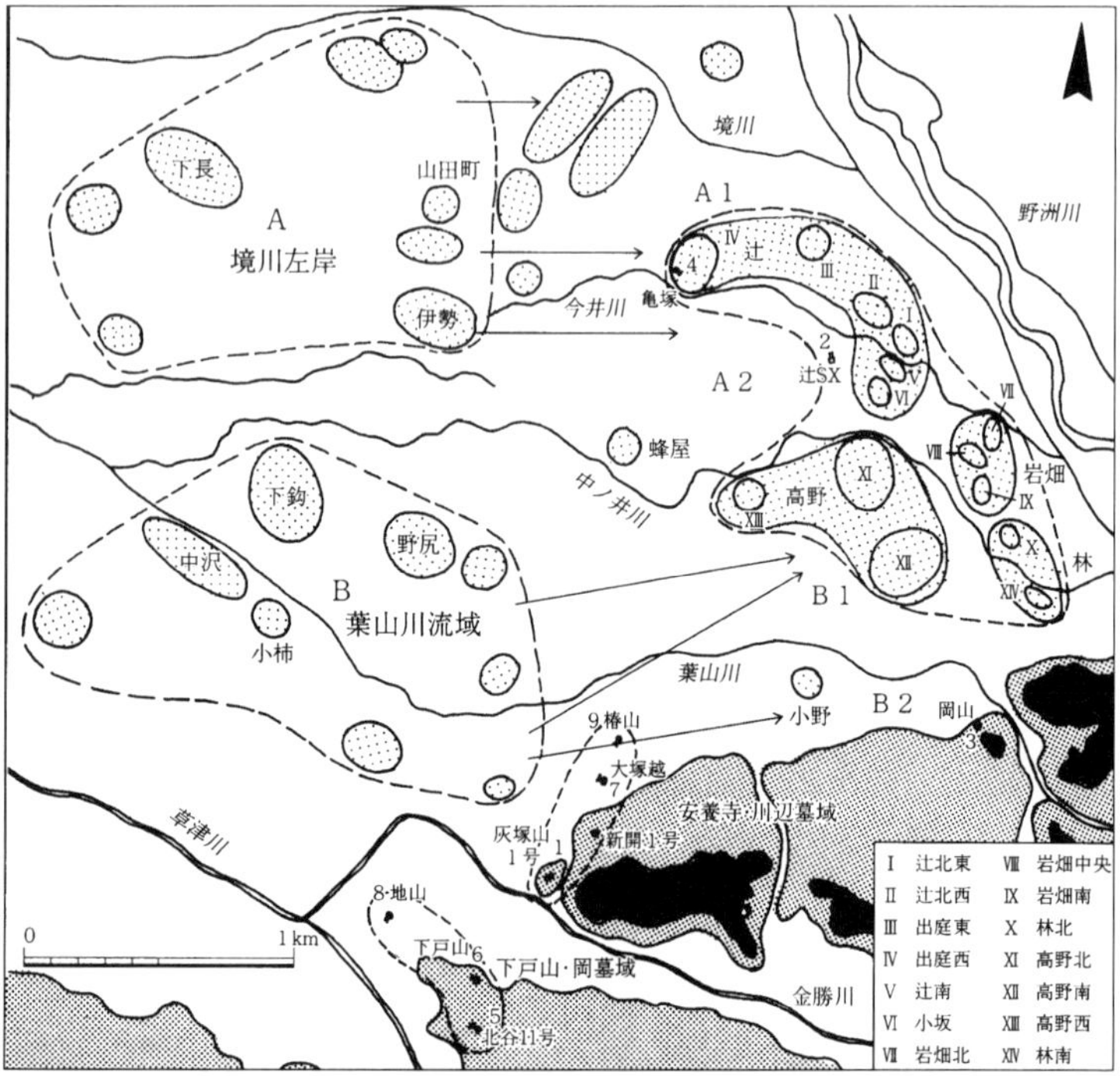

図２　栗太郡北部の弥生・古墳時代集落の分布と地域区分

（数字は首長墓の造墓順位を示す）

図2でいいますと、栗東市に住んでいる人はご存じだと思いますが、真ん中に中ノ井川《なかのい》が流れています。その川を境に北（境川左岸）と南（葉山川流域）の二つの地域に分けられます。北側の地域は弥生時代に大型建物がまとまって確認されている守山市の伊勢《いせ》遺跡や下長《しもなが》遺跡といった集落が立地しています。南側には、下鈎《しもまがり》遺跡を中心に中沢遺跡や小柿《おがき》遺跡などがあります。

そして、おもしろいことに、この二つの地域に対応するようにして、古墳の墓域が二つ存在します。地図の南下の方に草津川に合流する金勝《こんぜ》川が流れていますが、椿山古墳のある安養寺周辺と、もう一つはその左岸にあたる岡・下戸山《しもとやま》周辺というように、金勝川を境に墓域が二つに分かれており、それぞれの地域に首長墓を順番につくっています。

最初に下戸山・岡周辺側につくり、次は安養寺山周辺につくって、またその次の世代の首長は下戸山・岡周辺につくっていく、これを輪番制というのですけど、このような順番の繰り返しをしてきたわけです。先ほど言いましたように、中ノ井川を中心として北側と南側に、二分する地域があり、その二つの地域と墓域との関係にちょっと注目しておきたいと思います。

椿山古墳は帆立貝《ほたてがい》形の前方後円墳で、全長が公式で九九mあります（図3）。今回発掘調査をしたのはこの周濠の中です。実際、周濠の調査で見つかっている墳丘の裾を調べると、

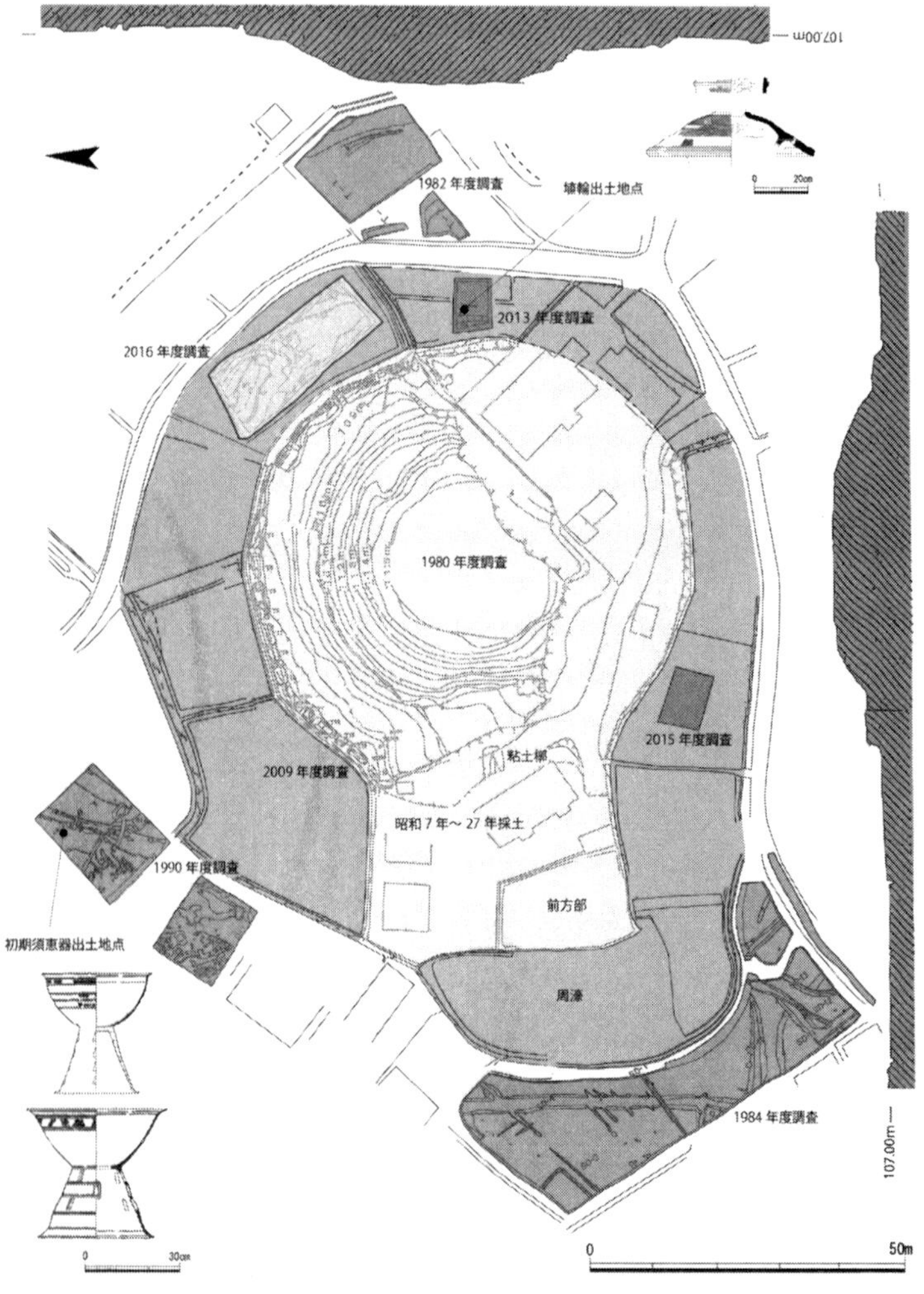

図３　椿山古墳測量図と過去の調査地点

写真１　須恵器大型器台（椿山池ノ浦遺跡）

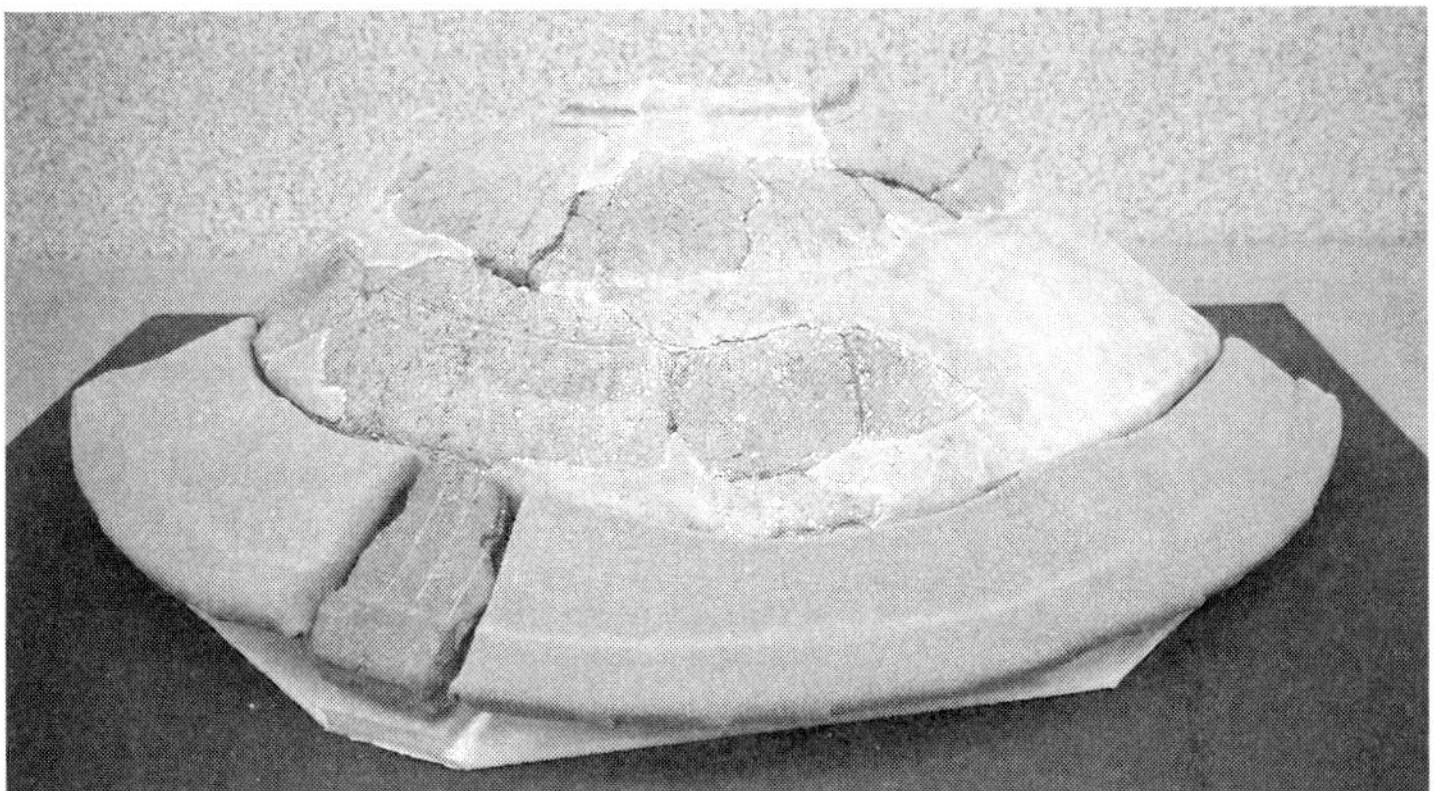

写真２　蓋形埴輪（椿山古墳）

おおむね一〇〇m級の古墳であることがわかっています。現在は、前方部は削平《さくへい》されて平坦《へいたん》になっていますが、過去の調査では、前方部と後円部境付近の土をとったときに、その真ん中あたりに主体部が見つかり緊急調査が行われました。主体部の中から、短甲《たんこう》や刀、鉄鏃《てつぞく》などいろんな武器類が見つかっています。その後も周辺部で何か所か調査が行われてきました。ここにも展示していますが、須恵器でつくった器台（写真1）が出土しています。お祭りをするときに使ったと思われます。あと、今回調査した隣の調査で、蓋《きぬがさ》の埴輪《はにわ》（写真2）が出土しています。

　みなさんご存じだとは思いますが、墳丘の周りには周濠が存在します。図3の左上あたりが調査の場所ですが、周濠の跡が現在も道

写真3　笠形木製品出土状況1

として残っています。円形に周っているのがわかると思います。口絵1～4の丸く盛り上がっている部分が後円部です。一応、後円部は三段築成ということで、三段になった平らな部分があります。口絵3の墳丘手前が濠の中を掘っている状況です。

全国最大級の笠形木製品

先ほどから全国最大級の笠形木製品という言葉を何度か耳にしたと思いますけれど、笠形木製品というのは、皆さんが一般的に知っている土で作った埴輪に対して、「木製の埴輪」ともいわれているものです。笠は貴人の日笠のことです。有名な高松塚古墳壁画にも貴人に差し掛けられている様子が描かれています。

図4　衣笠復元図（守山市提供）

図4は守山市八ノ坪《はちのつぼ》遺跡で発見された木製立飾りをもとに衣笠《きぬがさ》を想定復元されたものです。笠形木製品はその衣笠をまねて木で作った模造品といった

図５　狐塚３号墳復元図（イメージ）

写真４　笠形木製品出土状況２

ような感じです。それを古墳の周りに並べています。
　図５は椿山古墳に近接する狐塚《きつねづか》３号墳を復元想定したものです。帆立貝形古墳の墳丘や周濠のまわりに木製品を配置するという感じです。
　写真３が濠の中ですが、ここに見えている丸いものが笠形木製品です。実物は会場に展示しています。だいたいこの間隔が三mから四mで出土している状況でございます。作業をしている人と比べていただくと大きさがわかっていただけると思います。
　写真４は同じく別の場所から見た写真ですけれども、間隔をあけて出土しているのがよくわかります。そして写真右下の方にもちょっと小さめのものが並んでいます。

写真５　笠形木製品出土状況３

写真６　笠形木製品出土状況４

写真７　周濠内の棒出土状況

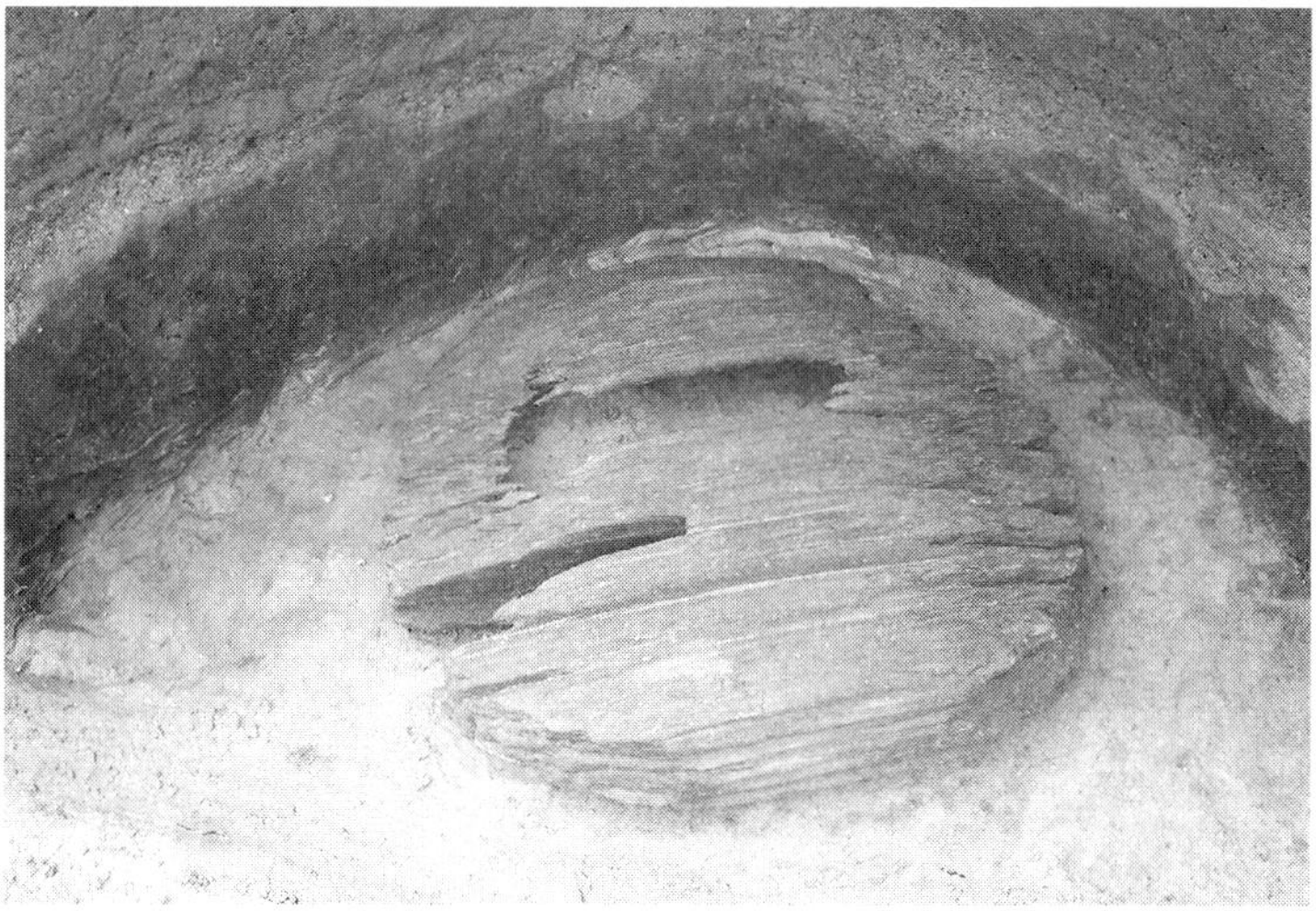

写真８　６号笠形木製品

笠形木製品４（表）

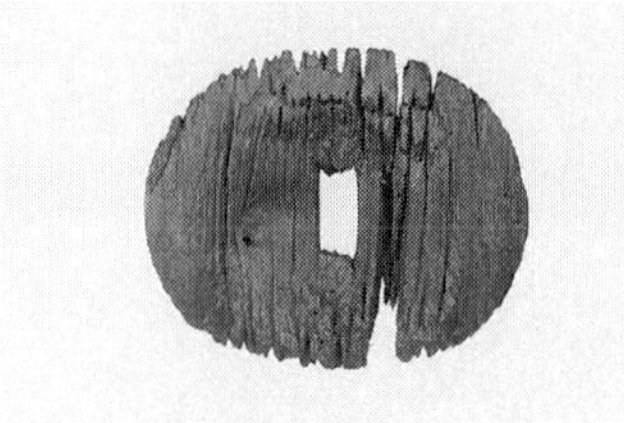

笠形木製品４（裏）

笠形木製品５（表）

笠形木製品５（裏）

笠形木製品６（表）

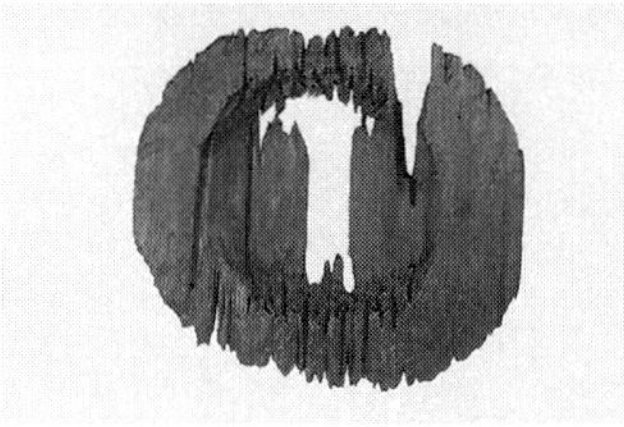

笠形木製品６（裏）

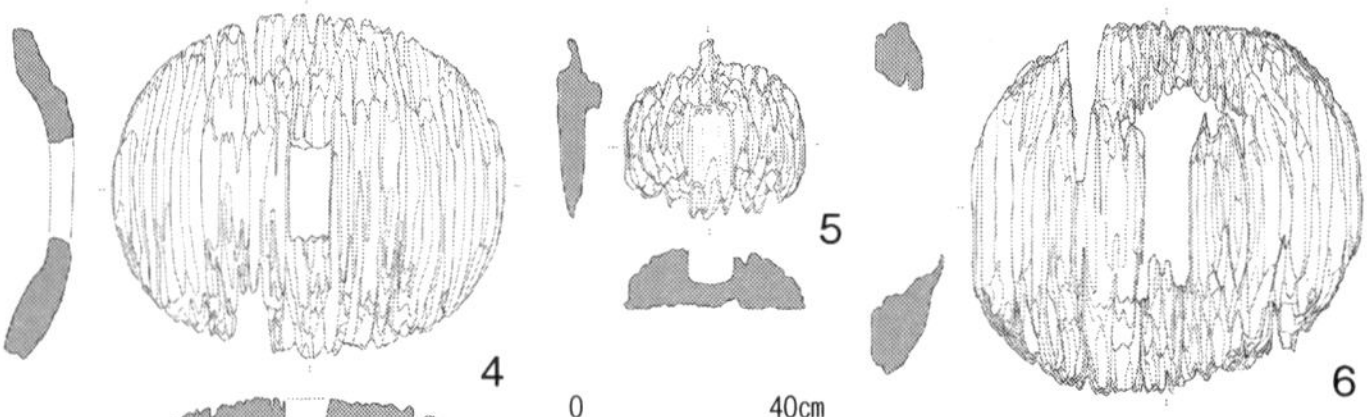

笠形木製品１（表）

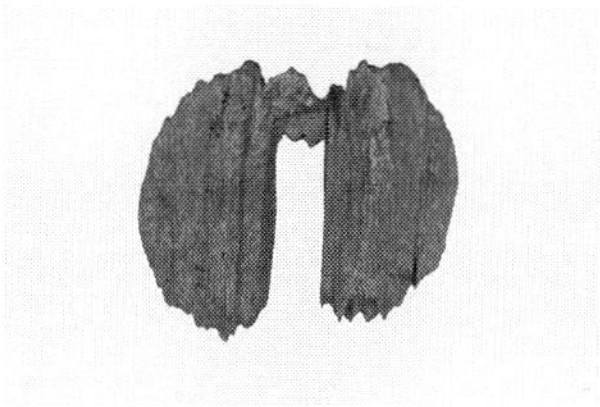

笠形木製品１（裏）

笠形木製品２（表）

笠形木製品２（裏）

笠形木製品３（表）

笠形木製品３（裏）

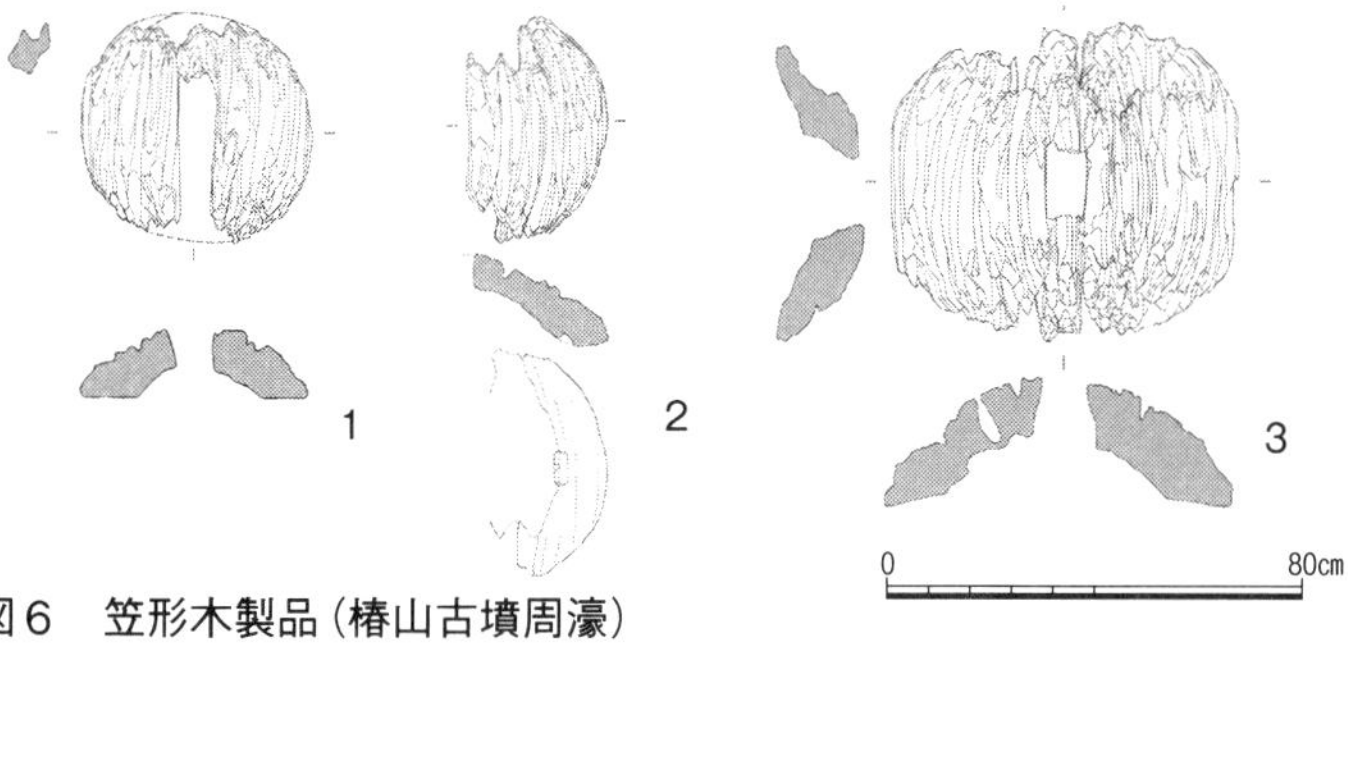

図６　笠形木製品（椿山古墳周濠）

写真９　1号笠形木製品

右下の二つですね。

写真5は拡大したものですが、大きいものは裏を向いています。ちょうど今展示をしている笠形木製品の内面といいますか裏面です。写真上にある小さいものは刳《く》りぬかれていないタイプです。大小セットで出土しているというのがポイントです。

写真6も裏になっていますが、刳りぬかれて、さしこむ孔《あな》があいています。写真6は北西側に続く方です。写真下に棒状のものが見えますが、この棒が写真7のようにずっと続いており四mほどある竿《さお》状の棒になります。写真6は棒の先端の方になります。写真8は6号笠形木製品で、径七五cmあります。ただ、孔のあった部分が少し割れています。側面はちょっと直立している

写真10　周濠を掘り上げた状態

のが特徴です。だいたい六〇cmから七〇cmあるものは大きい部類になりますけど、1号でも四五cmほどあります。最初に見つかった笠形木製品です（写真9）。

最初にこれを見つけた時に、「でかいな～」と思いました。四〇cm級ですが。実は、滋賀県で一番大きい笠形木製品が四一cmくらいの大きさだったと思うのですが、これが実際四五cmということで、「滋賀県下で一番やなあ～」と喜んでいたのですが、その後にさらに大きなものが続々出てきたという経過があります。写真7は先ほども言いましたように、竿状をした棒の続きですね。実はこのようなものが二本この場所から出土しています。

写真10は掘り上げた状態です。写真上の

写真11　周濠の中の溝

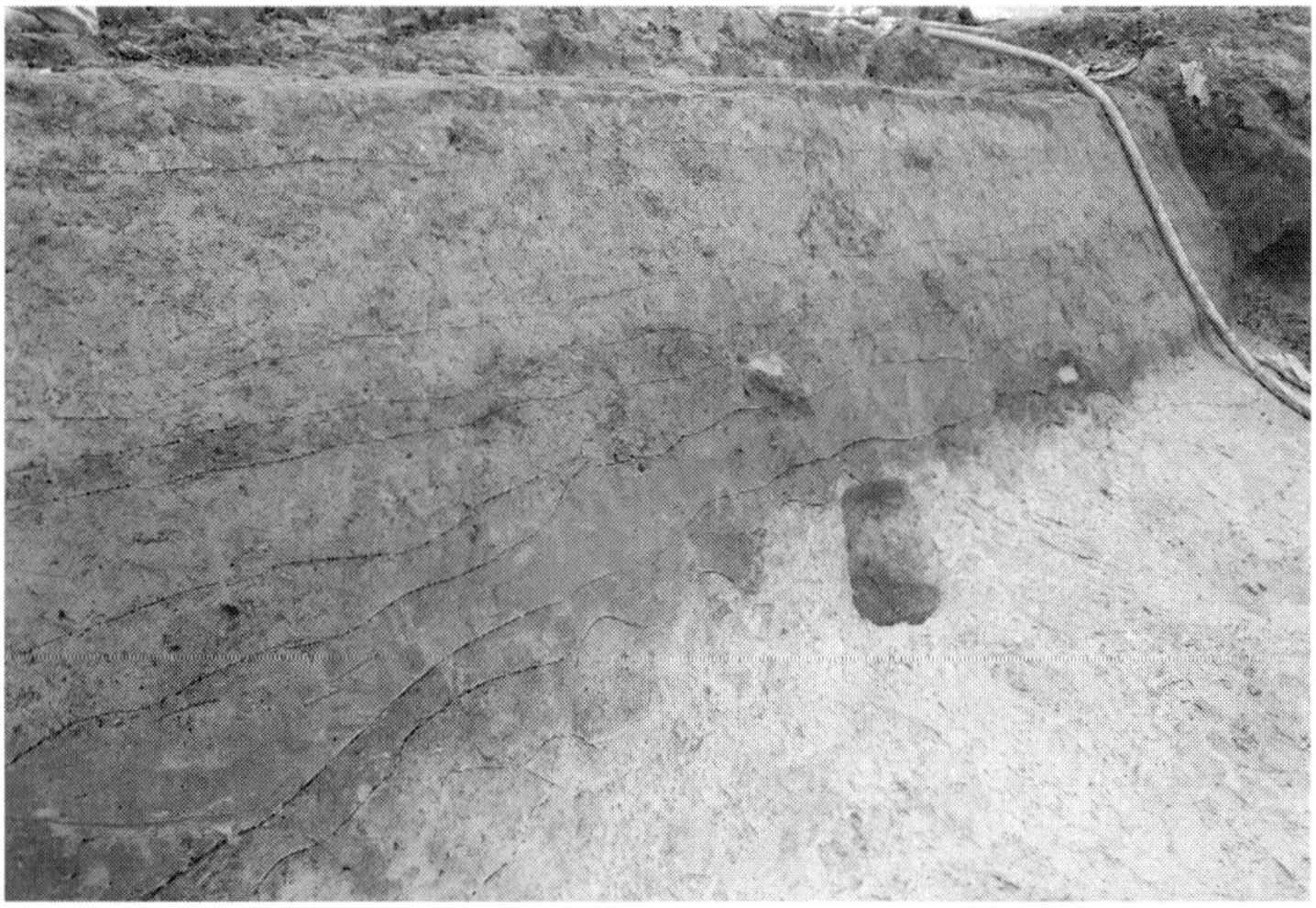
写真12　墳丘側のピット

写真13　周濠内古墳築造時の溝

一段高くなっている部分が濠の外側にあたります。先ほど道に沿って周濠の周囲が同じように墳丘の形になっていると言いました。この部分が一一mほどあり、周濠の幅になります。そして、図7の層を見ていただきますと、黒色粘土層と言っている層がありあます。この黒い粘土層の一番下から笠形木製品が出土しています。

写真11では、そのさらに下の溝SD1を掘りこんでいるところです。おもしろい場所がありましたので紹介しておきます。口絵4の中央上にあたる黄色く見えている部分が墳丘側です。墳丘が立ち上がる部分の一部がみえているところですが、注目したいのはここに穴があることです（写真12）。ピットというのですけど、先ほどの笠形木

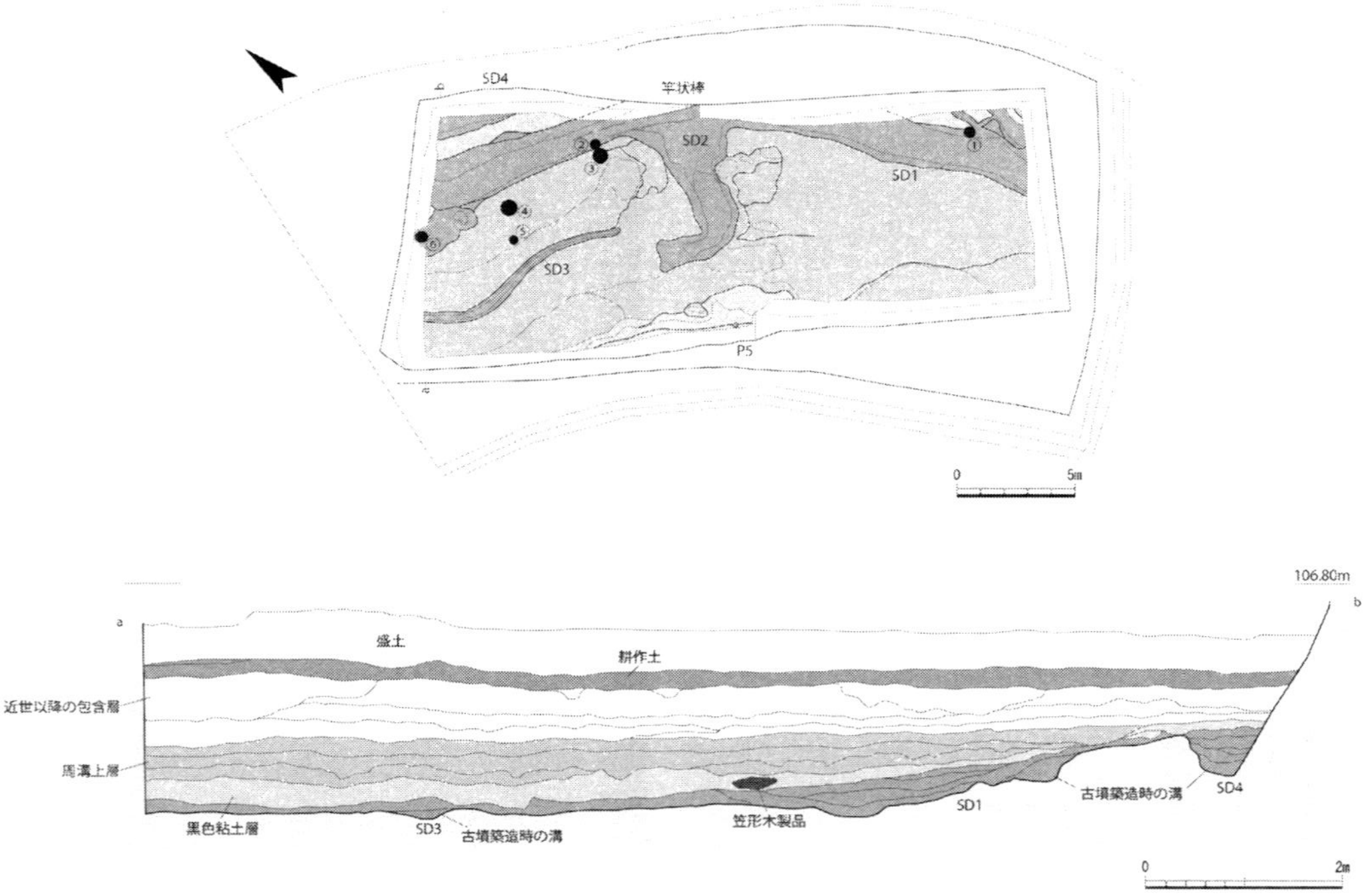

図７　笠形木製品の出土地点と築造時の溝

製品を立てるには竿のような棒が必要なはずで、それを刺すための穴とは明言しませんが、径三〇cm、深さ二五cmから三六cmの柱穴が確認されています。

ここでポイントとなるのが、この近くにL字状の溝が見つかっていることです（写真13）。で、周濠の床は通常フラット状になっていることが多いのですが、ここだけL字になった妙な溝SD2が下から見つかっています（写真13・図7）。偶然、溝の直線状にあたるこの場所に、何かを立てていた可能性をもつ柱穴が見つかっているという状況です。その周辺に大型の笠形木製品が並んでいたという状況になります。笠形木製品は、今言っていたL字になった妙な溝の近くに三つの大型笠形木製品が並んでいるところにちょっと注目してお

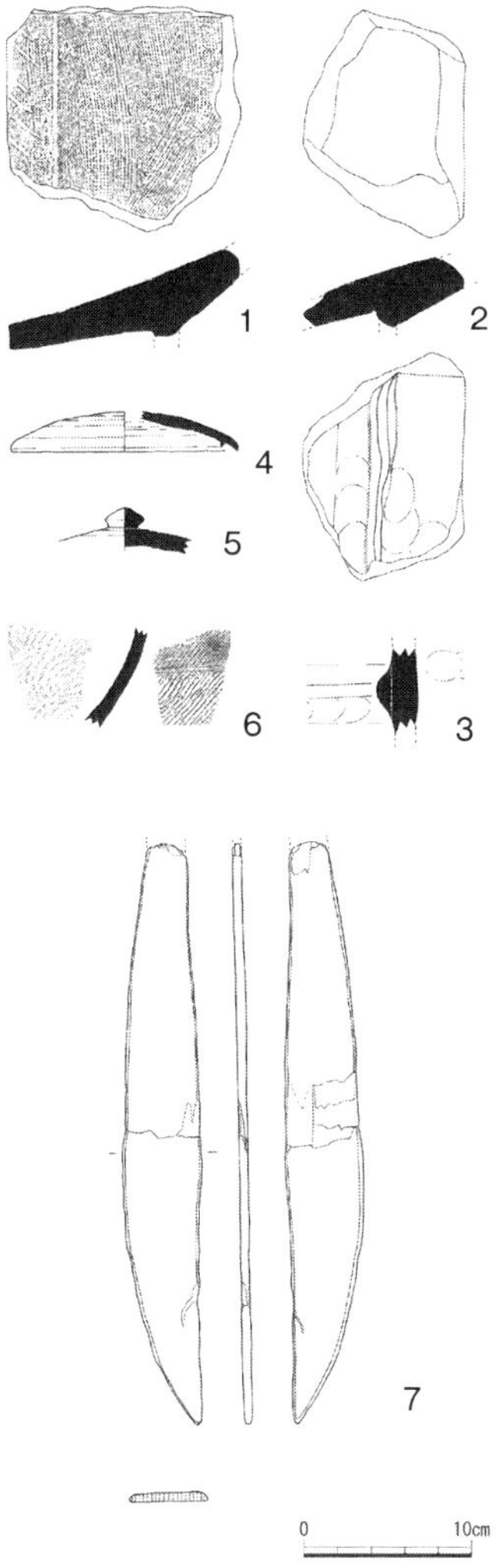

図８　埴輪　須恵器　又鍬

きたいです。

繰り返しますが、先ほど言いましたピットがL字状溝の南側墳丘裾にあたる部分にあります。この部分が怪しい。私が思うには怪しい部分です。単なる周濠ではないということです。中層にあたる七世紀以降に埋まった層の下に黒色粘土層があり、その下方に笠形木製品が出土し、さらにその下に溝状に掘り込んだ部分があるということです。

出土遺物（図8）については、先ほどから説明している木製の笠形以外の埴輪は、土で作ったよくある埴輪です。「よくある」という表現は少しおかしいのですけど、一般的には埴輪といえば土の埴輪を指しますが、あれだけ掘ってこの程度しか出土していません。図8の1は家の形をしています。これは屋根ですけど、表面をちょっと赤く塗っています。そんなに大きいものじゃないです。この場所に家の棟が続きます。周濠が埋まっていく段階で、図8の4・5のような七世紀代の須恵器も出土しています。

そして、7がナスビ形と呼ばれている又になった鍬《くわ》です。周濠の下、「怪しい部分」と言っていたところ（SD2）から出土しています。周壕を掘るときに使っていた道具じゃないかなと思っています。図6にある笠形木製品は全部で六点出土しています。4と5は、先ほどからセットになるのではないかと言ったものですね。形はさまざまです。4のように平ら状のタイプや、3のような山形状のタイプがあります。平ら状になる4はここに展

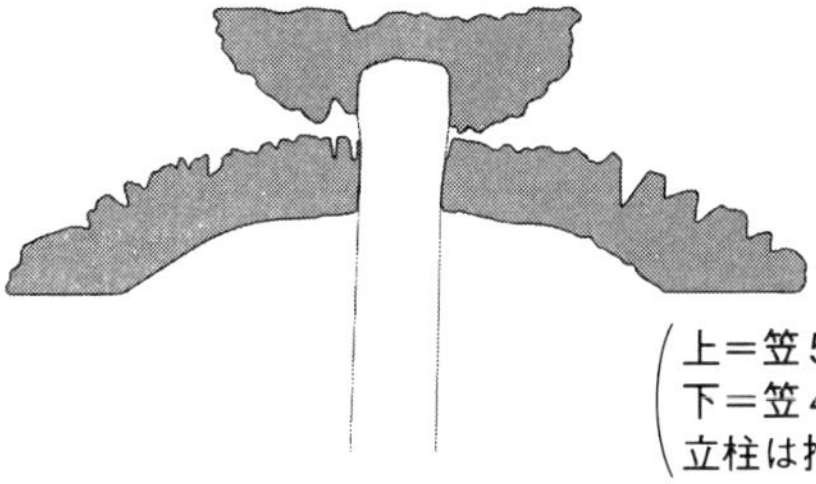

図9　笠形木製品の組み合わせ案

示しているものですね。

図6の6号笠形木製品の裏面ですが、出土したときは裏側を向いているものが多かったです。刳り貫かれている感じがよくわかります。中央の孔が、はめ込む場所です。ちょうどはめ込むところが腐っています。ポイントはこの刳り貫きの部分です。きれいに刳り貫いているのがみえます。で、さきほど言いました大小のセットなんじゃないかなというのは、5号の笠形木製品で、穴が貫通していないタイプですね。これがポイントです。

そして、このように孔が貫通してないものは、従来から木の柱を支える台とする考え方がありますが、大きい笠の上に小さい笠を頂部にはめ込んだら、このように復元できるかなという図面（図9）をつくってみました。

図10は応神陵古墳（誉田御廟山古墳）から出土した笠形木製品で、日本で一番大きいクラスのものです。椿山古墳の笠形木製品も十分大きいのですが、やはり比べてみると二〇cmほど小さい。かなり大きさが違うことがわかると思います。それでも椿山出土例は、日本では最大級になります。

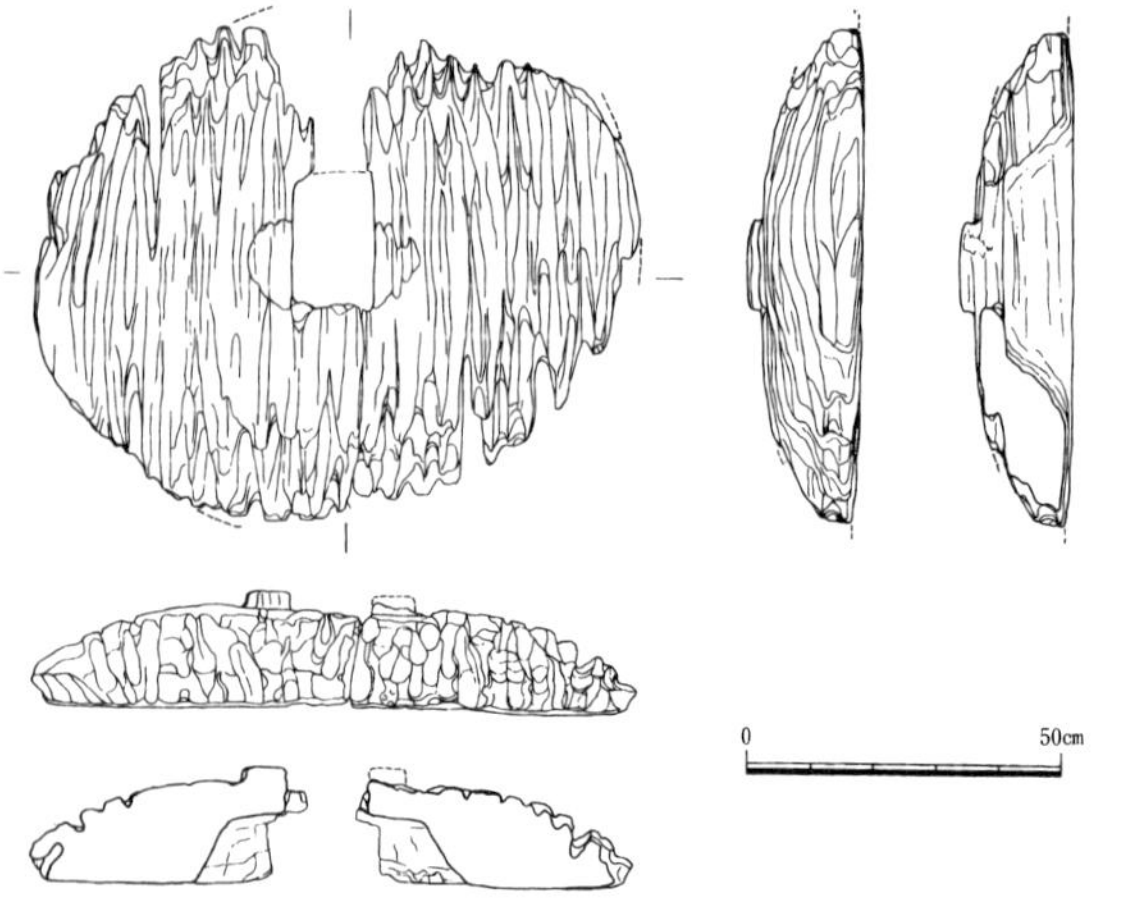

図10　応神陵古墳の笠形木製品１

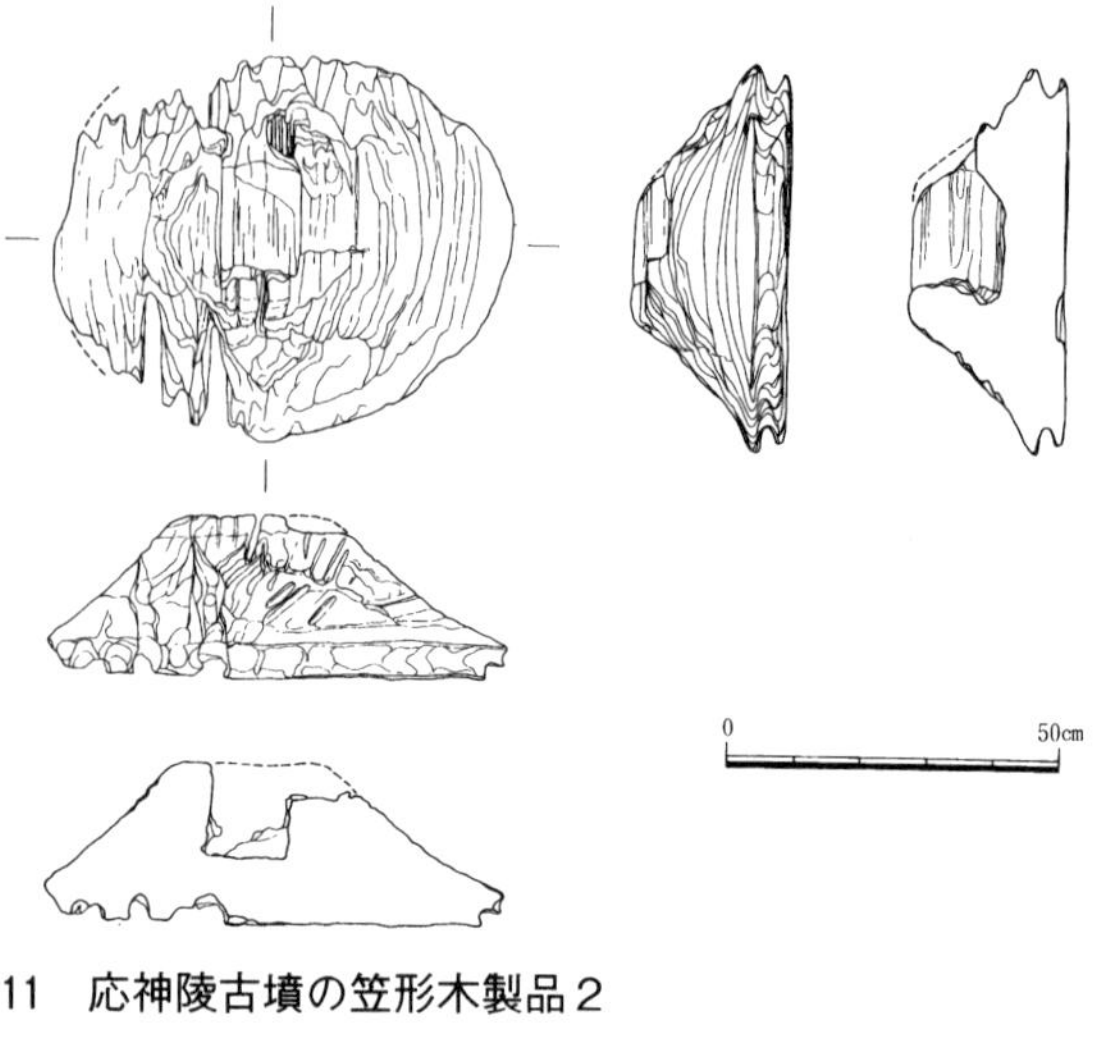

図11　応神陵古墳の笠形木製品２

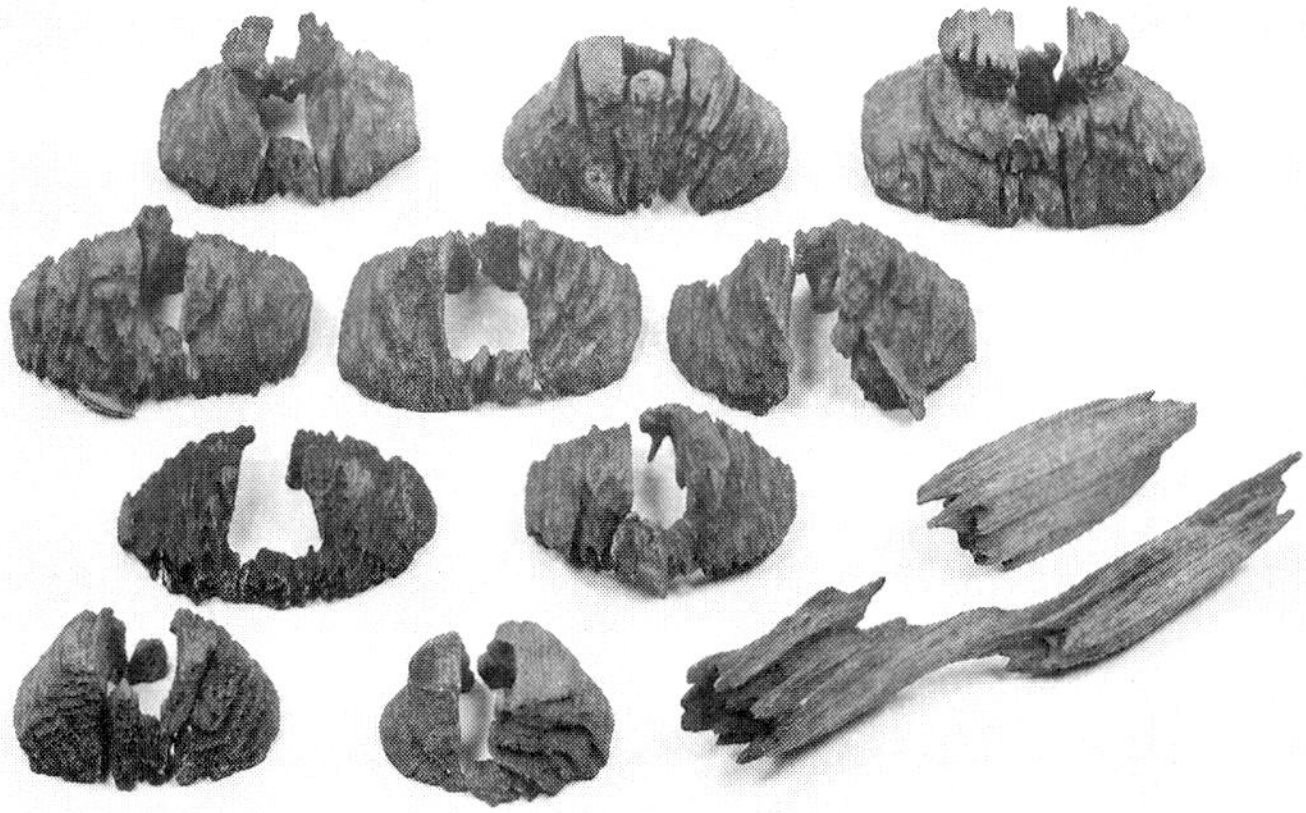

写真14　狐塚３号墳出土笠形・鳥形木製品

図11は穴が貫通していないフラットな面をもつものです。応神陵古墳から出土した孔が貫通していないタイプの笠形木製品ですね。図10が日本で一番大きいものです。孔が貫通した通常によくみられるタイプです。

ちなみに、椿山古墳からちょっと北西にいった場所に狐塚3号墳という五世紀終わりぐらいの帆立貝形をした前方後円墳が存在していたのですけれど、実はこの古墳からたくさんの笠形木製品が出土しています（写真14）。形式的には退化しているタイプですが、頂部に突起をもつものが出土しています。先ほど貫通していない小さいものと、通常の貫通している大きいものを大小組み合わせて復元していた形に類似しています。つまり二つを組み合わせてひとつにした感じのものです。この古墳では、いろんなタイプの笠形木製品が出土しています。大小二つ出土していますけど、鳥形木製品も出土しています。

以上の話をまとめますと、椿山古墳出土木製品には、応神天皇陵といわれている誉田御廟山古墳の笠形木製品と共通した点があります。先ほどから何回も言っていますように、大きさでも全国トップクラス。大王陵級の大きさということです。

そうすると、笠形木製品がどこで制作されていたかという問題があります。近江というのは山君《やまのきみ》と呼ばれている氏族が各地にいました。地元の方ですとよくご存じだと思いますが、この辺で言うと小槻《おつき》大社の名前になっている小槻氏も山君です。山君は、山を支配して、木材など山の資源を調達しながら権力をもった集団です。近江ではほかに、湖東の沙沙貴《ささき》山君や湖西の角《つの》山君がよく知られています。金勝山から大津の方まで山が続きますが、藤原宮の時代には、奈良に木などの山資源を運んでいたということが文献にも出ています。木製品をつくる集団が木材などの材料を提供していたのではないかということを考えており、そのような関係から椿山古墳も大王級の笠形木製品を持つことができたのではないか。もしくはそうではなくて、畿内からその大型の笠形木製品を持ってきたのではないかという考え方が一つ。さらにもう一つは、大型の笠形木製品を作る集団だけを中央に派遣していたという考え方です。この件については今のところ検討中ですが、いろいろ根拠を見つけるまでの課題です。

椿山古墳の埴輪や笠形木製品がどれくらい並んでいたのかということはまた、討論になると思いますが、私の印象では先ほど言いましたように、土の埴輪があまり出土していません。これまでの調査でもわずかしか出土していない。私が掘った地点では、笠形木製品がたくさん出土しましたが、古墳の全周に大型の笠形木製品が並んでいたというようには考えていません。先ほど特別な場所があるといいましたが、その場所だけにもしかしたら並べられていたのではないかというイメージを今は持っています。

旧栗太郡は、椿山古墳以前から大和政権とのかかわりがありました。のちほどの討論でたぶん話題になると思いますが、先ほど椿山古墳以前から首長墓が二つの墓域を行ったり来たりしていたということを話しました。

またこの地域には、鉄製品や玉《たま》類の製作が盛んな集落があって、昔からいろいろ中央との結びつきが強い地域でもあります。前方後円墳が登場するのも四世紀の後半で、栗太郡最初の前方後円墳である可能性をもつ亀塚《かめづか》古墳からは三角縁《さんかくぶち》神獣鏡も出土しています。四世紀の終わり頃からとくに中央との関連がみられるようになったということです。このころ以降、渡来人もたくさん居住していました。

先ほど言い忘れましたけど、栗東市では新開《しんがい》古墳という豊富な甲冑《かっちゅう》や馬具などを出土した全国でも有名な古墳があります。椿山古墳と同じ時代に新開古墳のような立派な古墳が周囲につくられました。その辺も中央との関わりを探るうえで重要な点ではないかと思います。

椿山古墳出土笠形木製品の観察と樹種同定

奈良県立橿原考古学研究所
鈴木裕明
福田さよ子

一、はじめに

筆者等は、栗東市出土文化財センターのご協力を得て、令和二年度～五年度科学研究費補助金基盤研究（B）『古代東アジア王権中枢の木材利用体系に関する総合的研究』（研究代表者　奈良県立橿原《かしはら》考古学研究所　鈴木裕明）の一環として椿山古墳出土笠形木製品の形状、木取り、樹種の調査を令和二・三年度に実施している。

本稿では、令和二年度調査の速報として、椿山古墳出土笠形木製品六点の中の最大の笠形木製品4について、三次元レーザー計測による形状・木取りの観察と樹種同定それぞれの結果について述べ、若干の考察を行う。

二、笠形木製品4の形状と木取り

本例の三次元レーザー計測は、保存処理後に行った（図1）。以下に示す大きさは、その段階の数値である。垂直（縦）方向直径が六三・五cm、水平（横）方向直径が七五・一cmで、平面形は水平方向に長い楕円形である。笠形木製品としては誉田御廟山《こんだごびょうやま》古墳例に次ぐ大きさである。椿山古墳の築造時期である五世紀前半～中頃は、笠形木製品の最古段階であり、平面形ではモデルの蓋《きぬがさ》に忠実な正円を指向するものが多い。本例は垂直方向の両木口側の劣化を考慮しても正円には復元でき

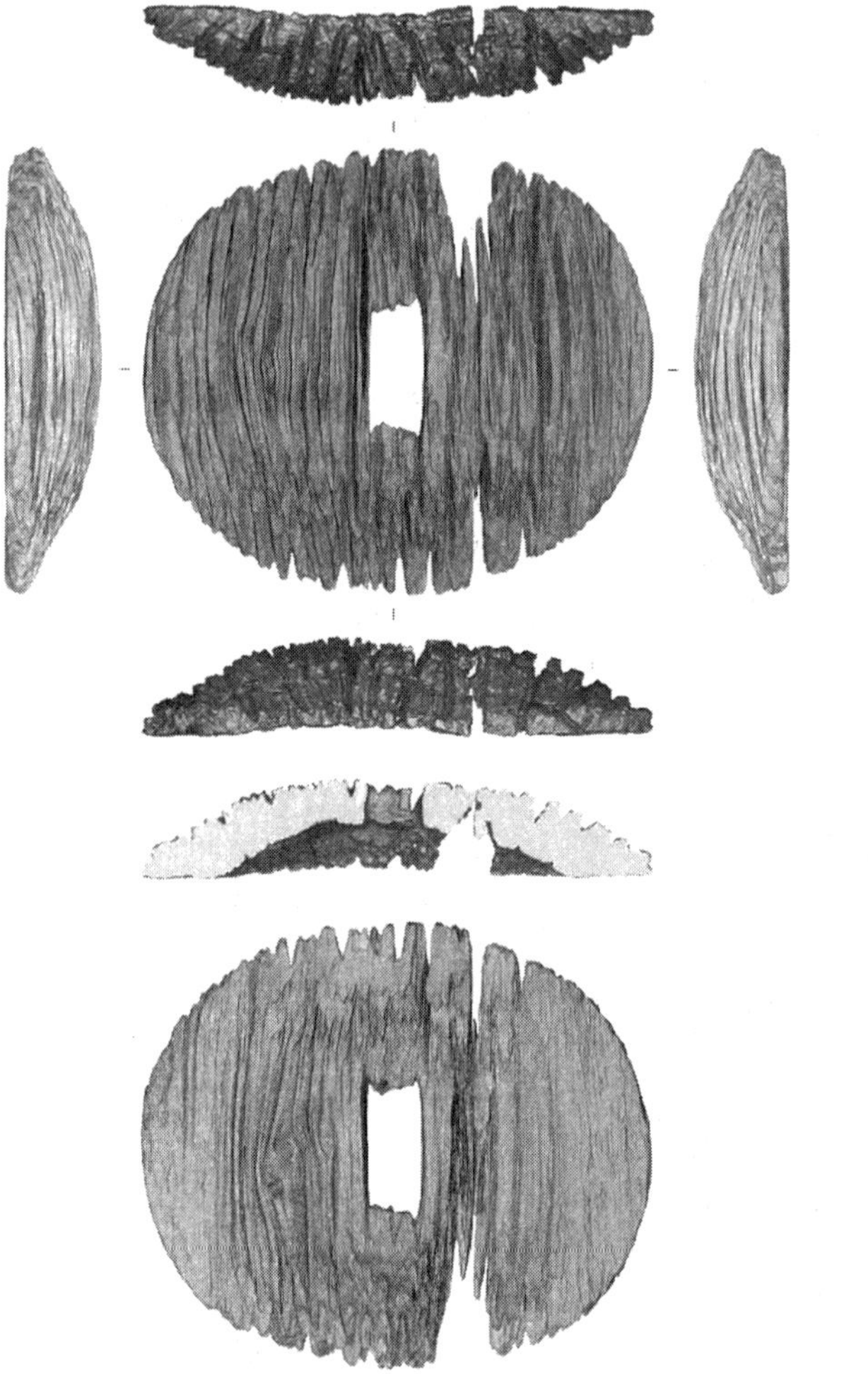

図１　笠形木製品４実測図（S ＝ 1/15）

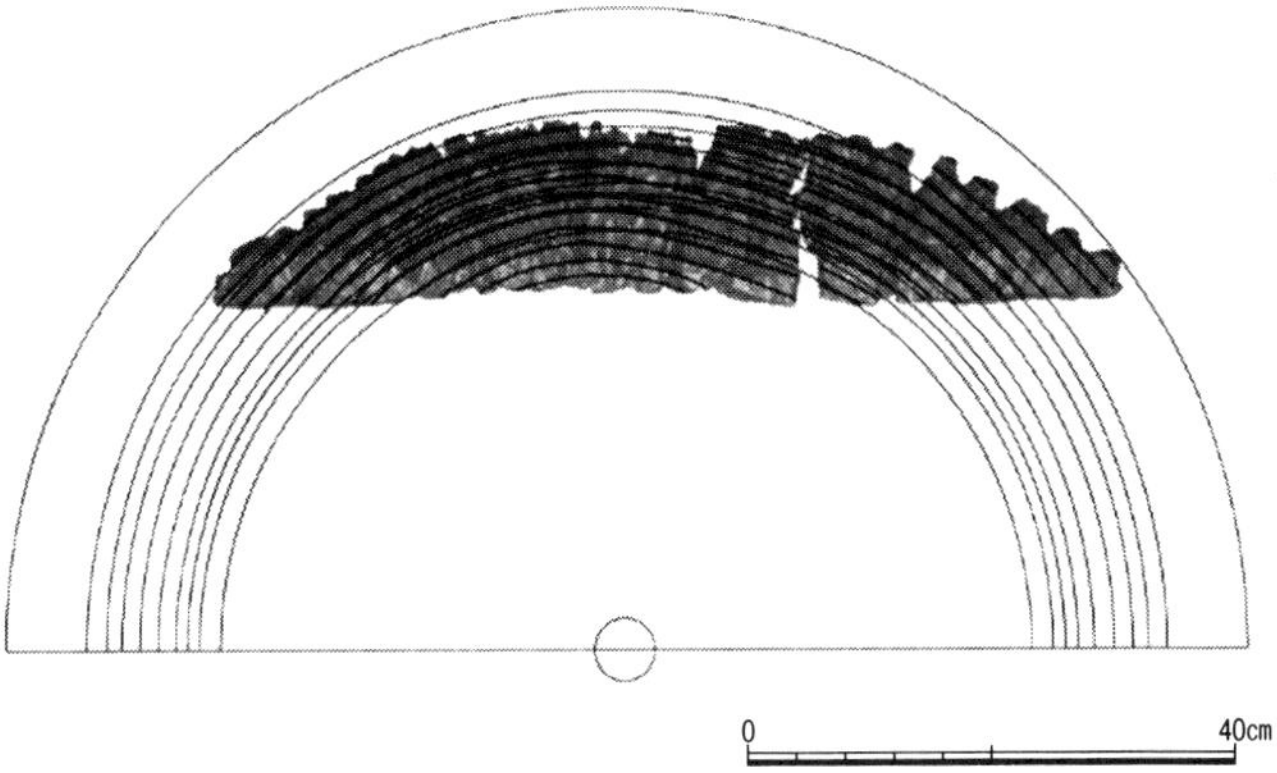

図2　笠形木製品4木取り復元図（S＝1/12）

ないが、均整のとれた円弧を描く平面形に造形され、蓋としての表現を可能な限り再現しようとしているようにみえる。

　高さは一四・二cmで、側面形は下端部から緩やかに丸みを帯びた傾斜で頂部にいたる立体感のある山形を呈する。下端部には垂直な面を形成し全周する。この側部垂直面に最古段階の事例では、モデルの蓋に忠実な襞《ひだ》表現がなされる場合があるが、本例では判然としない。また頂部に突起が作り出される事例があるが、本例には認められない。表面中央には支柱と組み合うホゾ孔となる中央孔が設けられ、断面でみるとそこから直角に裏面刳《く》りの上辺に刳り込みが連続する。裏面刳りは平面円形で外周に沿って大きく刳り込まれ、その断面形も外形に沿った山形である。これらは最古段階に属する笠形木製品の特徴である。

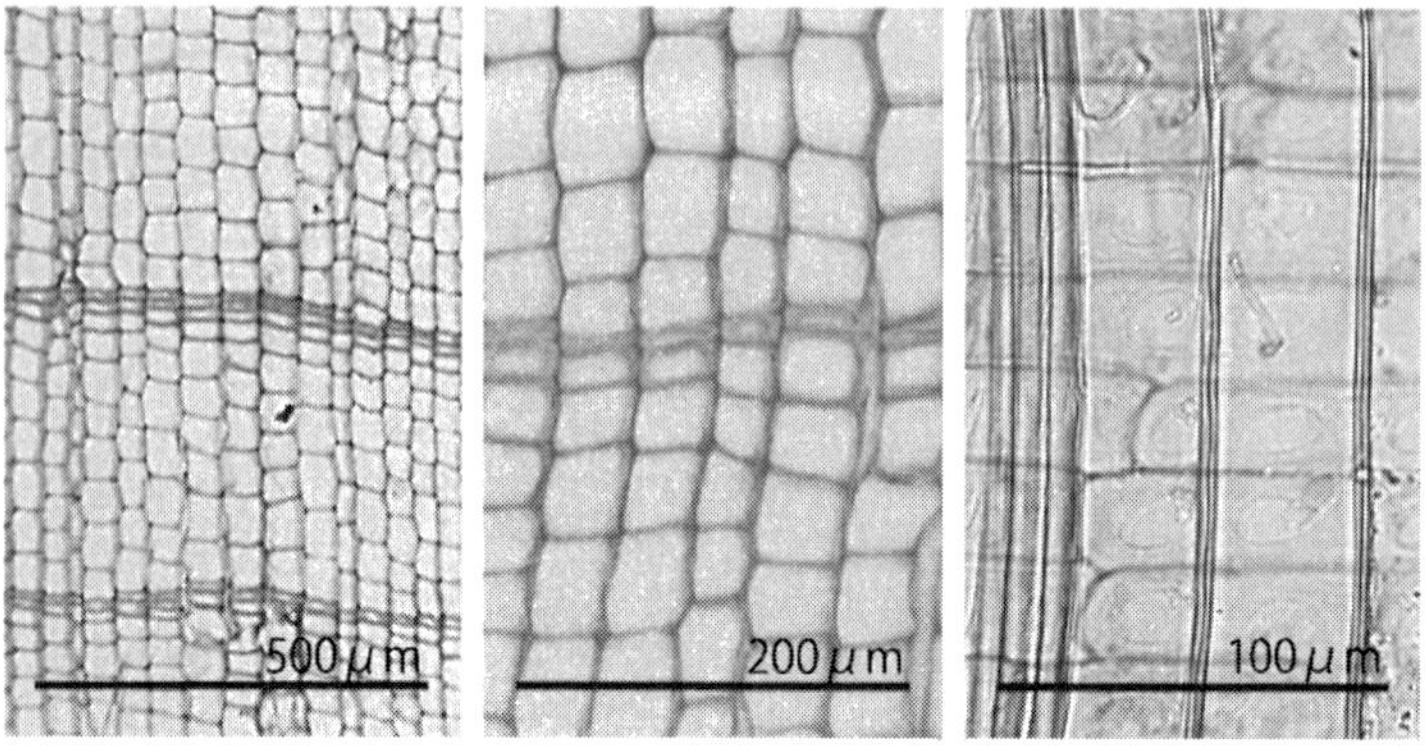

木口　×50　　木口　×125　　柾目　×250

図３　笠形木製品４木材組織写真

本例の木取りは、丸太材から半割材を得て、樹皮側を表面側になる形で横木取りしたものである（図２）。笠形木製品の木取りとしては典型的なものである。年輪密度が高く、安定して年輪を重ねている良質な材であることがわかる。複数の年輪曲線から本例に最低限必要となる丸太半割材の直径を求めると、約一〇二・四㎝となる。大径木の樹皮側の最も良質な部分を選んで木取りし造形された極めて贅沢《ぜいたく》な材利用の逸品といえる。

三、笠形木製品４の樹種

樹種同定は、本例から直接採取した薄切片を脱水してキシレンで透徹《とうてつ》し、ビオライトで封入《ふうにゅう》して永久プレパラートに仕上げ、透過光の生物顕微鏡下で組織を観察して行った。この結果、晩材《ばんざい》部幅が狭く均質な材で、柾目《まさめ》面では特徴的な窓型の分野壁孔《ぶんやへきこう》が確認でき、コウヤマキ科（Sciadopityaceae）のコウヤマキ（*Sciadopitys verticillata* Sieb. et Zucc.）であると同定できた（図3）。また、ほかの五点の笠形木製品についても、すべてコウヤマキであることが確認できている。

四、椿山古墳出土笠形木製品の評価

椿山古墳出土笠形木製品4は、最古段階の形態的特徴と木取りであることが今回の計測で改めて確認できた。その段階の笠形木製品には、百舌鳥《もず》・古市古墳群の巨大古墳の誉田御廟山古墳例、土師《はぜ》ニサンザイ古墳例、山城の今里車塚《いまざとくるまづか》古墳例、但馬の大型古墳である池田古墳例がある。五世紀前半～中頃の大王墓と目される古墳と畿内及びその周辺のその段階の地域最大級の古墳に笠形木製品が樹立されていたといえる。椿山古墳例もまさにそのような位置付けが可能である。

最古段階の事例のなかで、最も形態が誉田御廟山古墳例に類似しそれに次ぐ大きさで、かつ筆者等が王権中枢での古墳専用材と考えている希少なコウヤマキの大径木を用いることが可能であった状況に、誉田御廟山古墳と椿山古墳の強い結び付きをうかがうことができる。

（一・二・四、鈴木裕明　三、福田さよ子）

講演

巨大古墳の時代

京都橘大学　一瀬和夫

京都橘大学の一瀬です。よろしくお願いします。私がいただいたお題は「巨大古墳の時代」です。前半はこちらのレジメの方で、後半はパワーポイントで説明したいと思います。

前方後円墳の時代と東アジア

まず図1―1～3に中国大陸と日本列島の地図を載せています。巨大古墳の時代がだいたいこの絵に収まるような東アジア圏内の時代で、そのお互いの勢力図にあたるものを挙げております。基本的に先ほどから話題になっている前方後円墳があった国際情勢は次のようなものです。はじまりは中国の漢《かん》という国があったのですが、これが滅んで三国になります。この三国あたりから日本列島では前方後円墳の形が出来上がりはじめました。そ

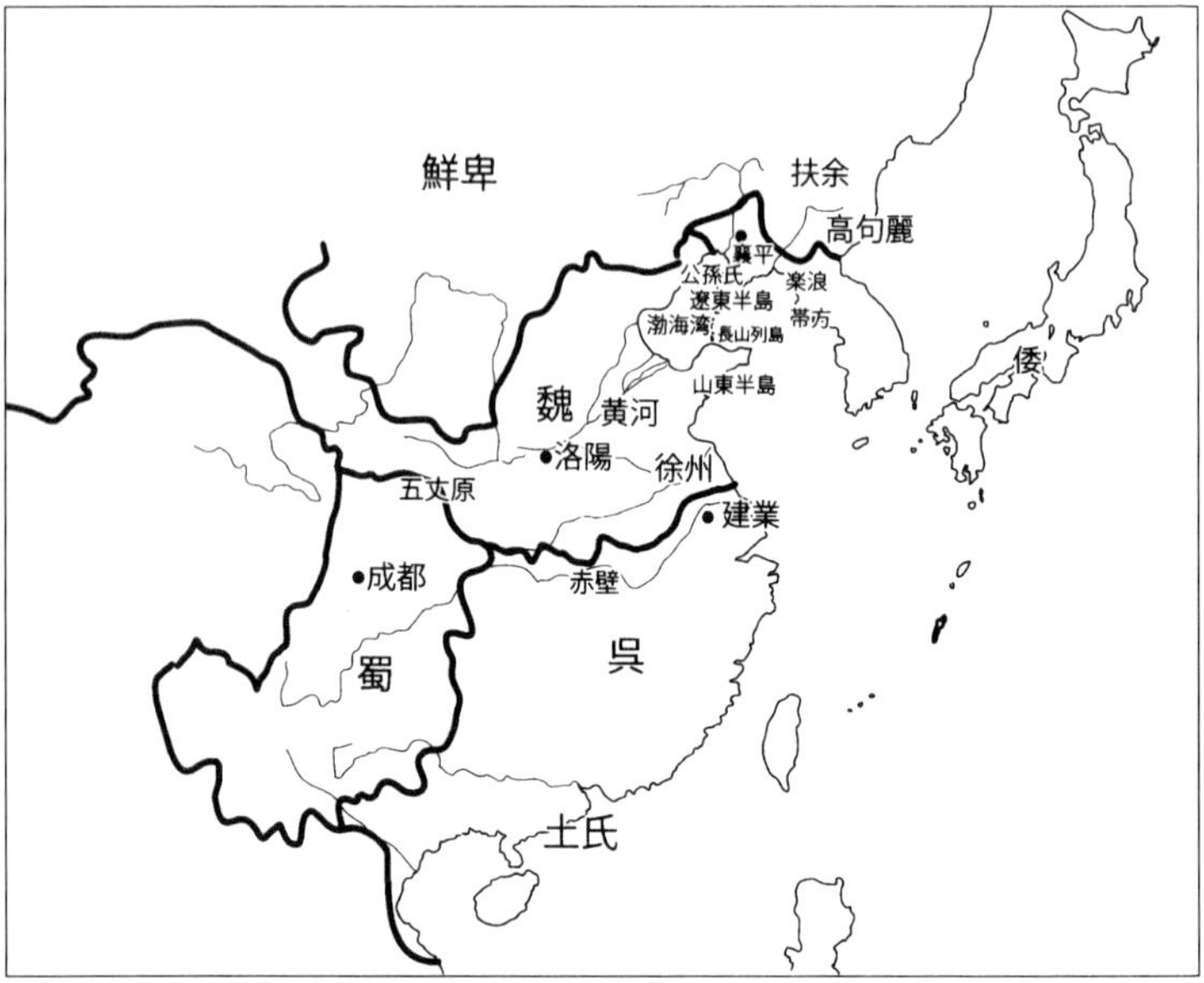

図1−1　東アジアの3世紀（220〜263）

の後四〇〇年間は小さい国がひしめき合っています。結局、隋《ずい》が中国を統一した時に前方後円墳は作られなくなるという、つまり中国の混乱の時代だけ前方後円墳がつくられたということになります。

　とくに日本で大きな前方後円墳をつくったのはこの混乱の時代の前半期、宋《そう》という国が南の方で力を持った時代に一番大きくなります。それが中国の歴史書の『宋書』に、倭《わ》の五王《ごおう》といわれる王が宋に使いを派遣したという記事が載っている時代です。ちょうどその五王のはじめが使いに行き始めるころに、先ほどから名前が出ています一番大きな応神陵《おうじん》古墳と、仁徳《にんとく》陵古墳がつくられています。

前方後円墳のはじめを説明しますと、図1-1に三世紀としています。そのころ漢が乱れてほろび三国（魏、呉《ご》、蜀《しょく》）に分かれていました。左側にある蜀の諸葛孔明《しょかつこうめい》という戦略家が死んでしまい、魏が南の方に注意を向けなくてよくなり、日本とつなぐ山東半島の公孫《こうそん》氏《し》の障害もなくなった瞬間に、邪馬台国《やまたいこく》の卑弥呼《ひみこ》は魏に使いを出します。現在は九九％まで、卑弥呼の墓が奈良県の桜井市にある箸墓《はしはか》古墳であるとされています。いきなり三〇〇mの墳丘を築くのです。そのタイミングから前方後円墳が始まることになります。

倭の五王と巨大古墳

しばらくたちまして、図1-2を見ていただきますと、東晋《とうしん》という名前が南の方にあります。日本列島の位置から言いますと、北の方には南燕《なんえん》と前秦《ぜんしん》が書かれていますね。こちらと関係をもっても良さそうなのですが、五世紀前にその国がなくなると、倭は東晋に使いを送っています。あまり墳墓の内容などを比べてみても似ているところはみてとれないのですけど、文献記録は中国大陸の南半分と日本列島は関係があるというような調子になっています。さらに東晋を宋が引き継いだ時代になります。一番のポイントは宋の右上

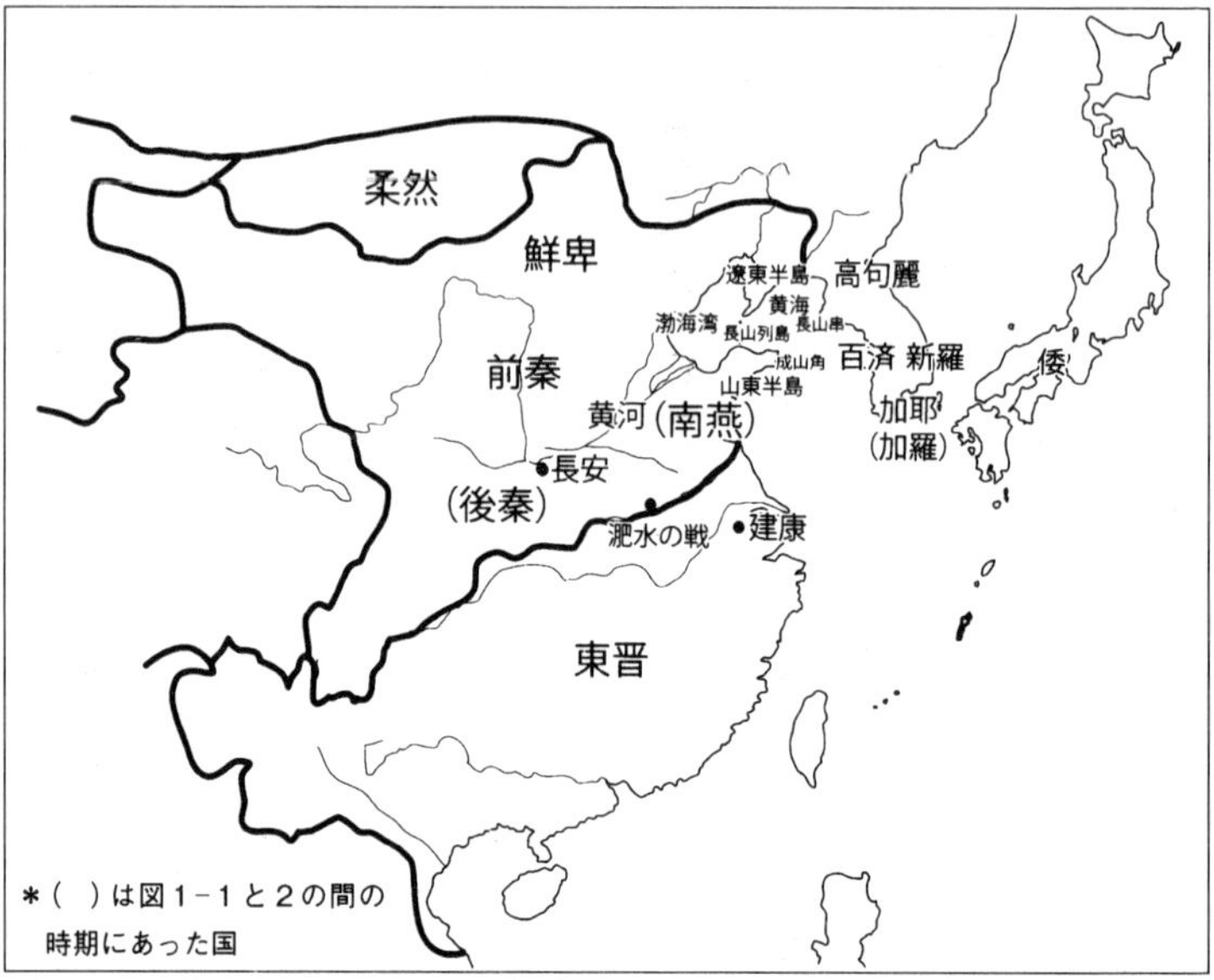

図1−2　東アジアの4・5世紀(371 〜 383)

に山東半島というのがあるのですが、そこを宋が手に入れています。その瞬間に倭王は宋に使いをよこしているということになります。

そのタイミングというのは邪馬台国の卑弥呼と一緒で、山東半島が渤《ぼっ》海《かい》・黄海《こうかい》に突き出しているのですが、蜀の力を押さえて魏が公孫氏から半島を手に入れて、向かいの朝鮮半島にある楽浪《らくろう》、帯方《たいほう》という漢のときに築かれた出先の郡が回復しました。とくに混乱の時代だったので、魏のような大きな勢力が東方に目を向けた時には神経質になったということになります。倭王が宋への使いをはじめたのものこのタイミングだったの

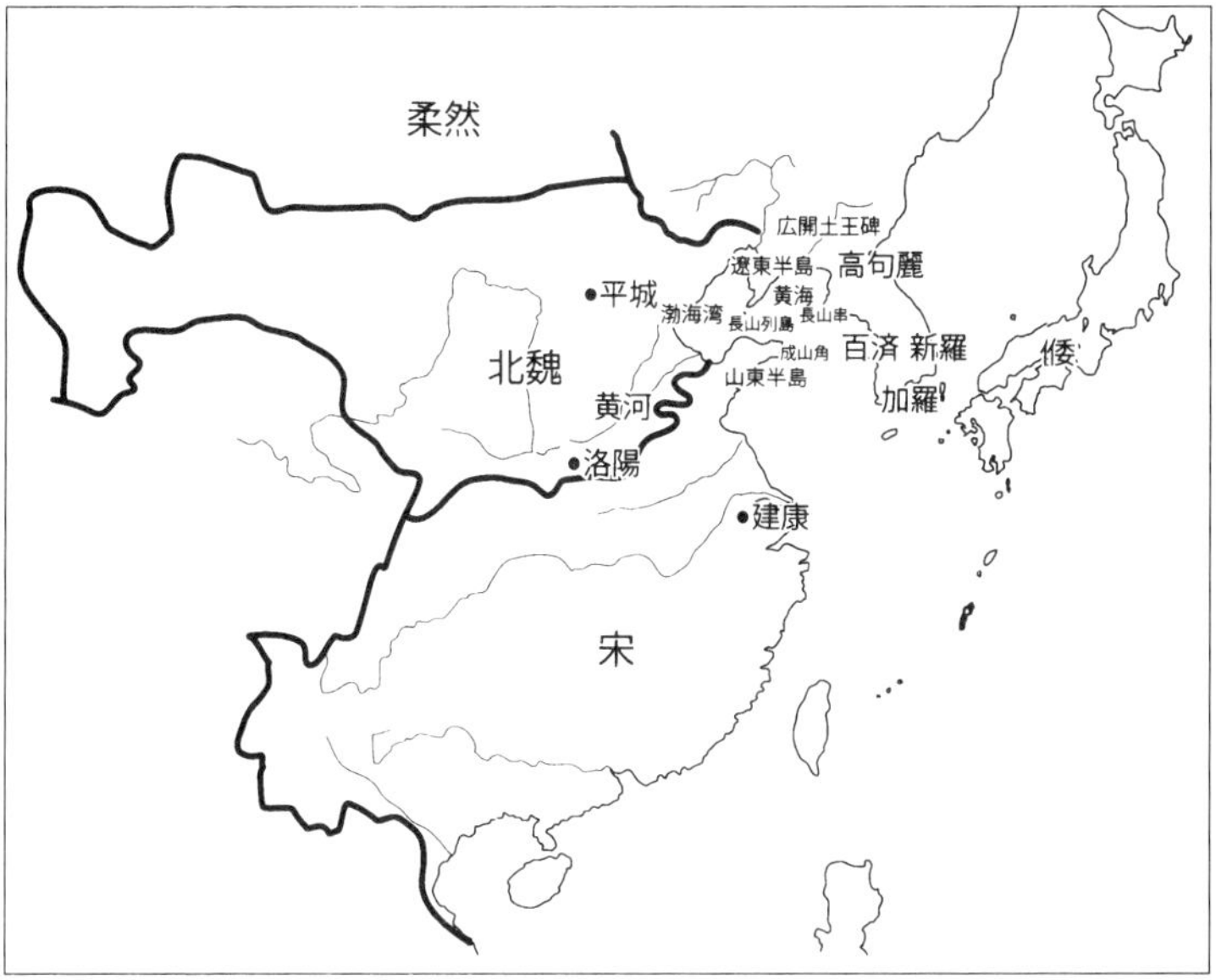

図1−3　東アジアの4・5世紀（439〜479）

です。倭は朝鮮半島の北の高句麗《こうくり》と軋轢《あつれき》があった記録があるので特に敏感だった時期でした。

『宋書』に載る倭王の名は、讃《さん》、珍《ちん》、済《せい》、興《こう》、武《ぶ》（表1）です。これに『日本書紀』・『古事記』の大王の名前を当てはめようとしてもなかなかうまく当てはまらないことになります。ただこの表をご覧いただきますと、右の後半の済、興、武は宋書の三代目、四代目、五代目と左の『日本書紀』と血縁関係的には合いそうです。さらに右にある天皇の名の方からいきますと、後の安康《あんこう》は興、雄略《ゆうりゃく》はワカタケルと言われていたので武かなと。ただこの三王以前は、血縁関

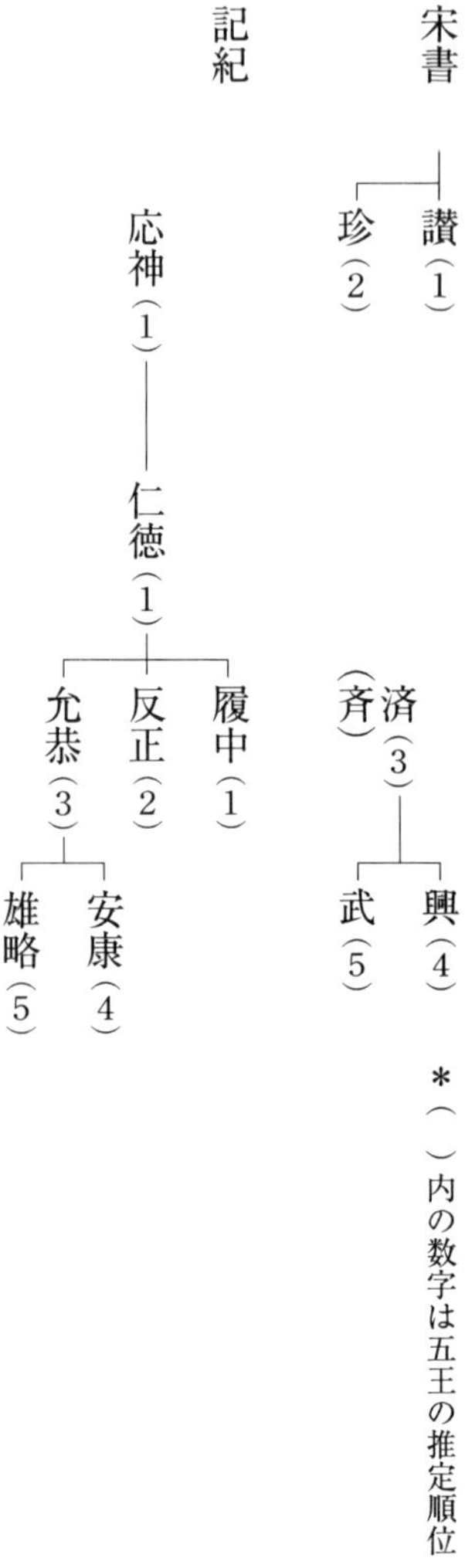

表1　倭の五王

係もつじつまが合わない状態なので、済が允恭《いんぎょう》だとしても、このあたりから以前というのはうまく合わないのです。天皇の伝承にある人物そのものが実在したかどうかもわからないということになります。ですが、中国の方に使いを送っている、倭の王はいそうです。ちょうど人物像のイメージ的な伝承、具体的な人物が現在に届かない記憶の時間帯にある讃、珍のタイミングが応神陵と仁徳陵、ニサンザイ古墳という巨大古墳が造られている時期ということになります。いま考古学の年代観でいうとそんなタイミングであるだろうと。

　したがいまして、私が応神陵古墳と呼んでいるのは、応神天皇の陵を意味するのではなく、古く森浩一先生は言われたように「現在、宮内庁に応神天皇陵と治定《じじょう》されている古墳」という意味で使っています。

さて、今日の話は讃・珍あたり、もしくは讃よりもうちょっと古い名なしの被葬者が応神陵古墳には葬られているだろうという理解になります。あやふやな時間帯に入ります。ところが正反対にこれからは実在がはっきりとした埴輪と笠形木製品の話になります。形からいきますと、讃より少し前か讃、応神陵古墳と仁徳陵古墳築造のあたりの時期が椿山古墳の笠形木製品の作られた時代と私は考えています。

巨大古墳墳丘のイメージ

応神陵古墳と仁徳陵古墳の二つは特に巨大古墳の時代を象徴するものです。その巨大古墳の詳細はいったいどんなものかというのを改めてみてみ

図2−1　仁徳陵古墳CG墳丘を囲む埴輪

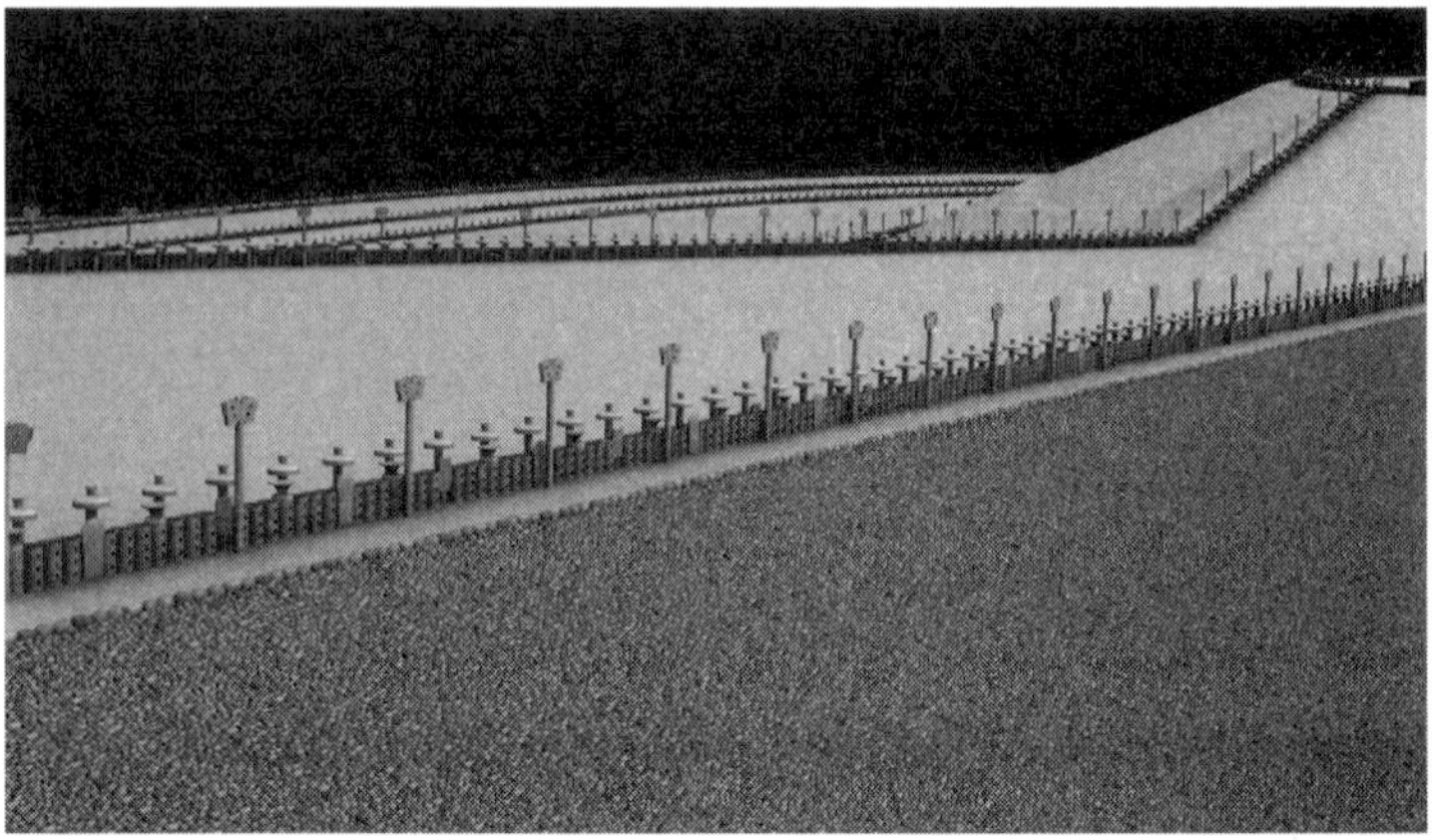

図2−2　仁徳陵古墳CG前方部

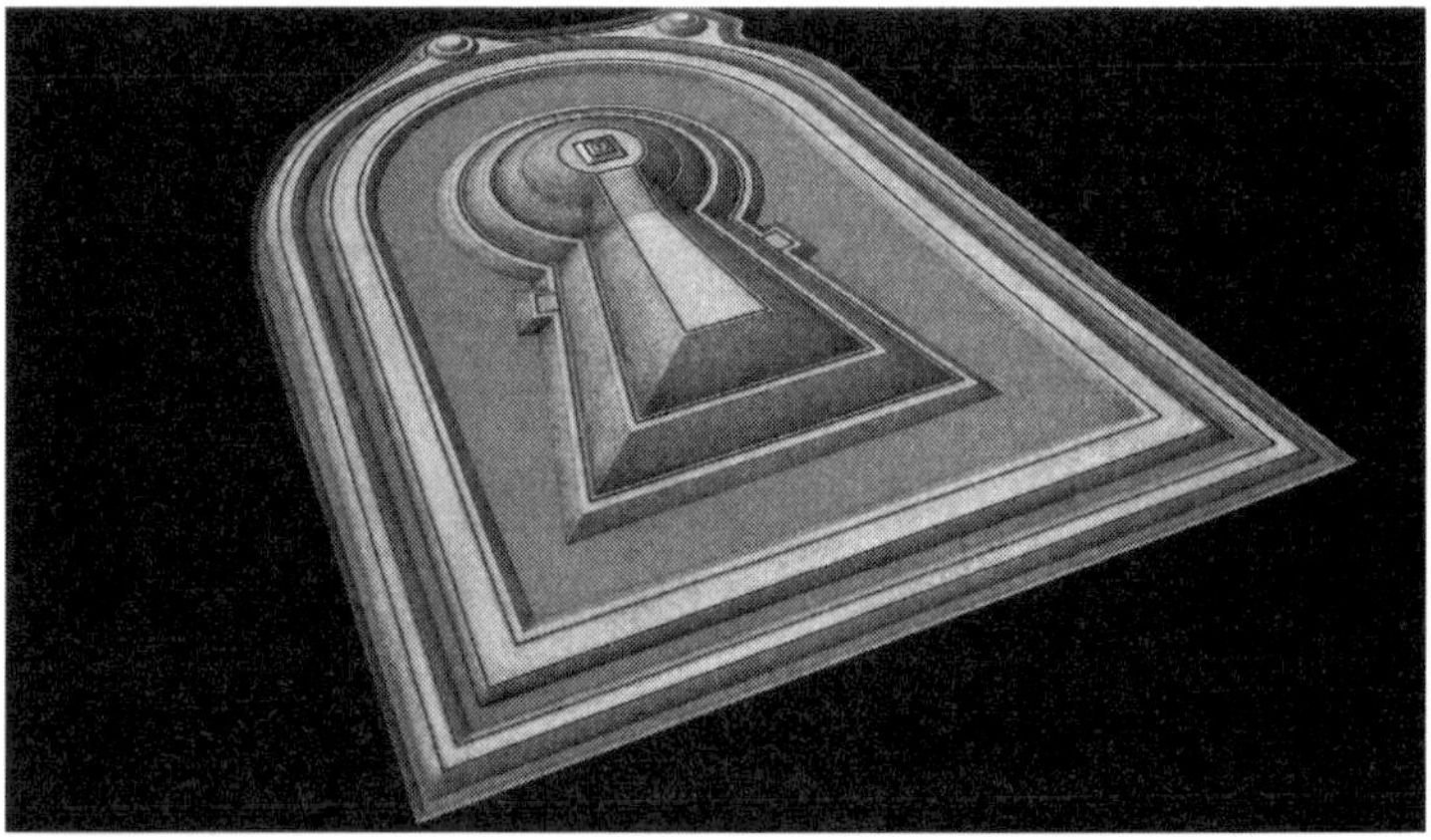

図2−3　仁徳陵古墳CG全体

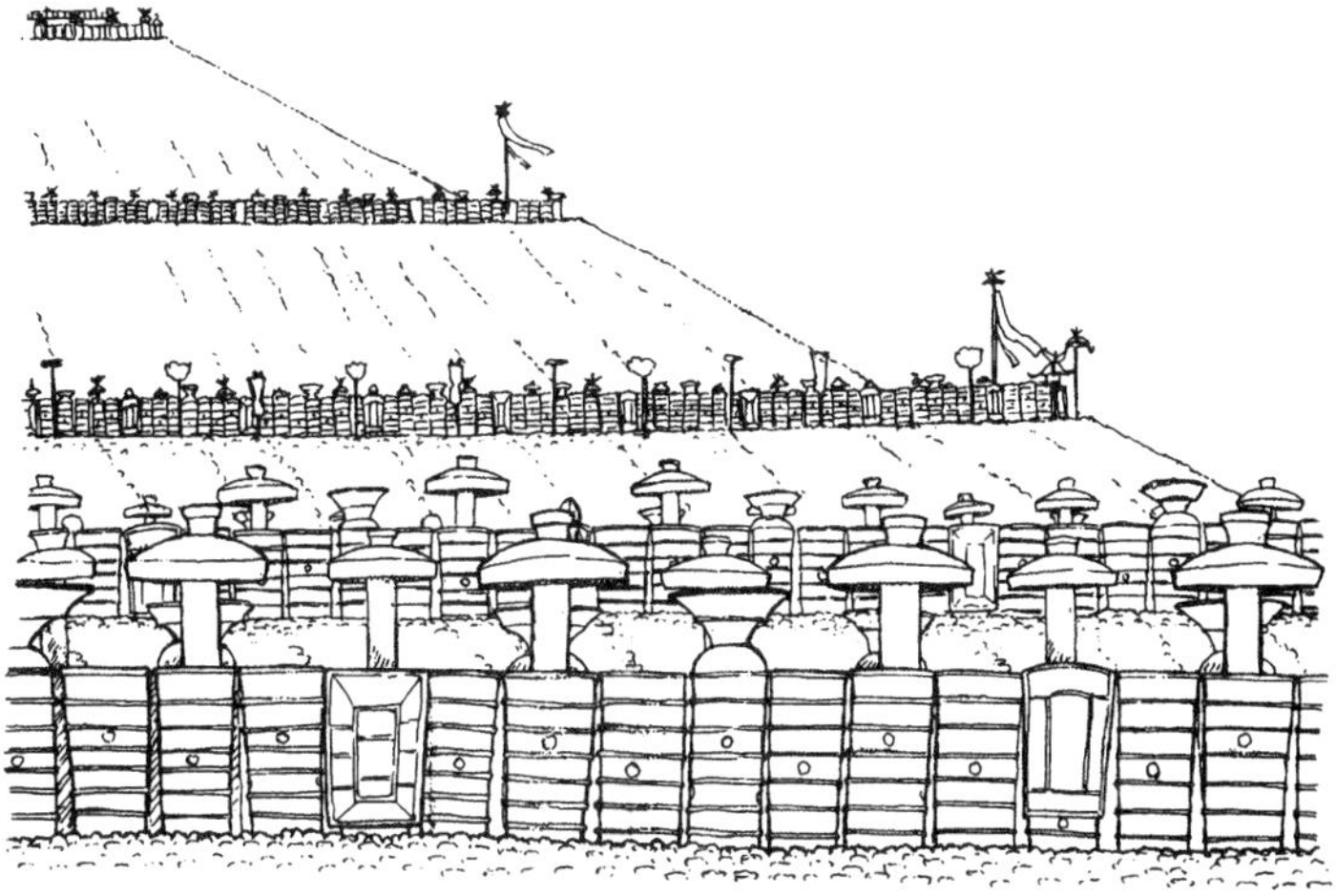

図３　応神陵古墳墳丘完成ごろの前方部側からみる風景

たいと思います。

　図2をみていただきますと、これは以前にＮＨＫにコンピューターグラフィックで作ってもらったものですけど、笠形木製品がずらっと墳丘上に並んでいる様子です。図は最大の仁徳陵古墳ですが、墳丘周囲の内濠《うちぼり》・内堤《うちづつみ》・外濠・外堤・外周溝《がいしゅうこう》にいたるまで宮内庁が管理されており、現在一般の人間はまったく入れない状態です。ところが巨大な古墳で周囲がわかるものがあります。

　二位の応神陵古墳にも内堤と外堤の二重の堤がありまして、外堤の方は民有地になっています。そのため開発やその計画もいろいろあったことから、一番外側の堤と濠は発掘調査をできるという機会がありました。その分、破壊されているということになります。その成果にもとづいてイメージを起こしたのが、この図3ということになります。どういうふうに堤の上に埴輪などのいろいろなものが並んでいたか、というのをイメージ・スケッチしたものです。墳丘はこんな感じです。

巨大古墳の埋葬部

さて、本当に仁徳陵古墳や応神陵古墳は墓かどうかという疑問があると思います。椿山古墳も墓かどうか。こちらは低い前方部の墳頂部分から甲冑《かっちゅう》などが供えられた痕が出ています。詳しくは、高橋先生がお話しになると思います。

仁徳陵・応神陵古墳はどういう棺《ひつぎ》と石室があったかが推測できます。現在一番リアルに触れられるものとして、図4の大阪府藤井寺《ふじいでら》市の津堂城山《つどうしろやま》古墳の長持形石棺《ながもちがたせっかん》があります。応神陵古墳と同じ古市古墳群にあるもので、古市古墳群で一番古い大きな前方後円墳です。そこの後円部の中央には長持形石棺があります。実物は明治四五年（一九一二）に調査された後、埋め戻されていますが、それを実物大で再現されたものが墳丘横のガイダンス棟においてあります。その石棺のまわりは竪穴式石室で覆っています。

仁徳陵古墳の方は、その前方部を暴いてしまった時の詳細な絵図が残っています（写真

1)。これは明治五年（一八七二）に当時の堺県知事の税所篤《さいしょあつし》という人が行ったものです。盗掘だといわれているのですが、それは勘繰《かんぐ》りすぎじゃないかという話もあります。その知事は古市古墳群の古墳についても関心があったようです。詳細な絵図には津堂城山古墳と同じような長持形石棺が中におさめられていて、周りには竪穴式《たてあなしき》石室があるということがわかります。ただこれは前方部の中、とんでもない場所から出ています。

ふつうは前方部の中央の一番上と後円部の中央の一番上にも石室があるだろうということになります。となると仁徳陵古墳には少なくとも私は三人以上が葬られていると思っています。そのなかの一人に仁徳天皇があてはまるのかという話になると、実はまず実在したかどうかが問題です。仁徳天皇の伝承のもととなったような人物が葬られている可能性は大いにありますが、そ

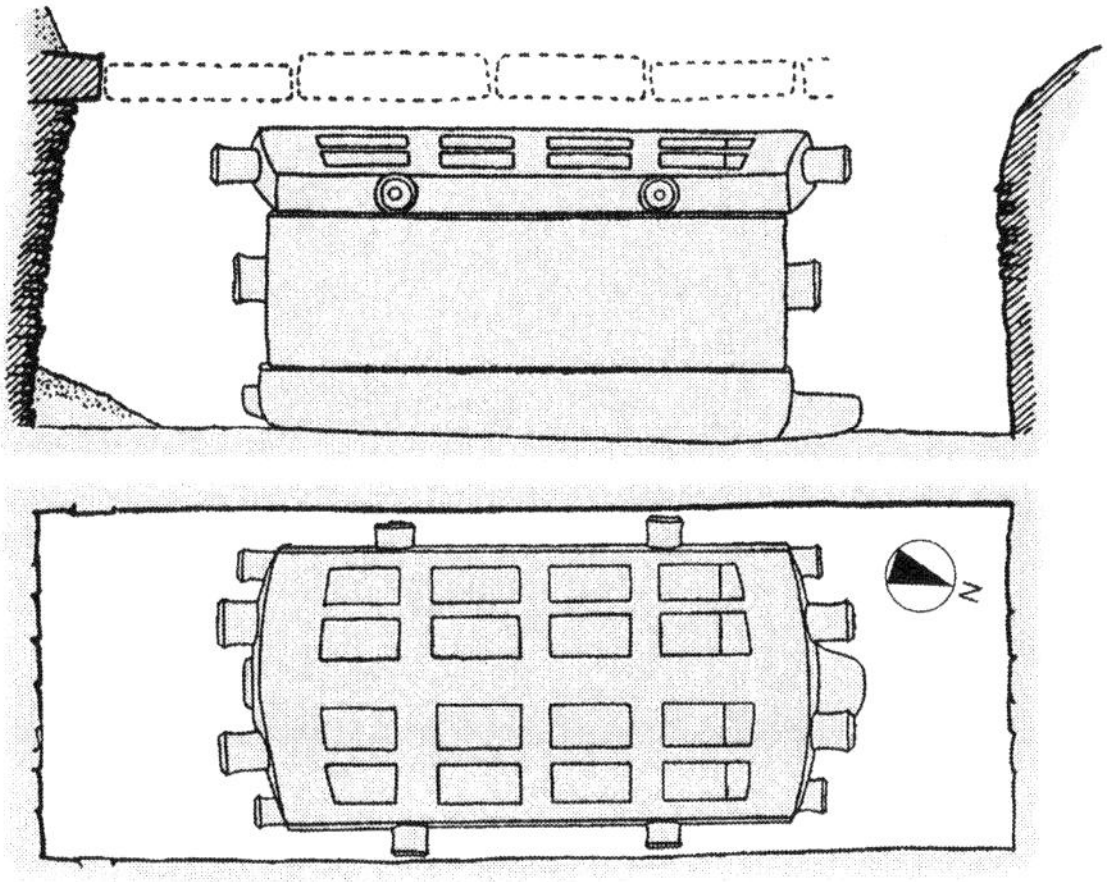

図４　津堂城山古墳の竪穴式石室

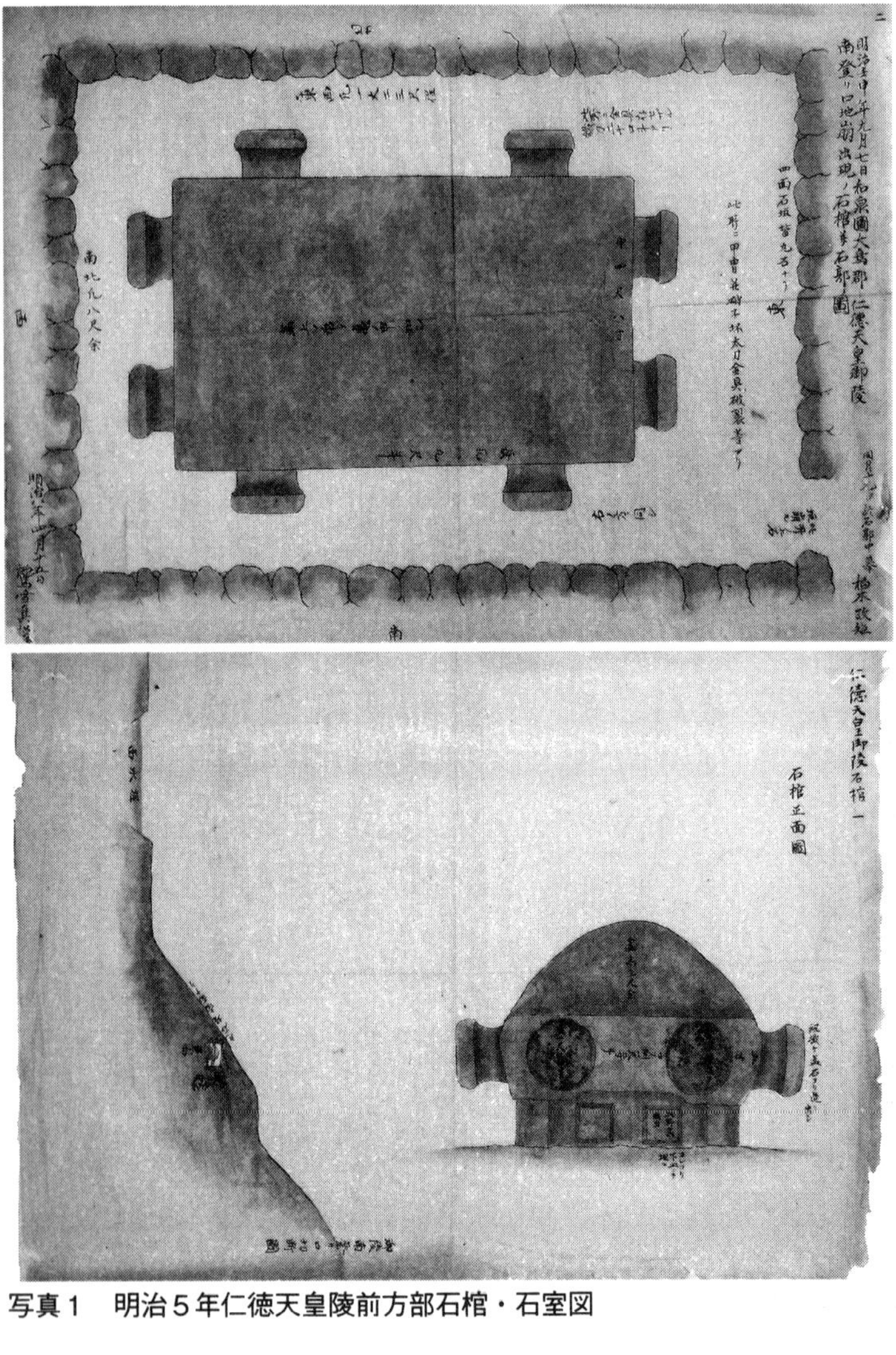

写真１　明治５年仁徳天皇陵前方部石棺・石室図

れが一人だけの伝承とも限りません。ともかく一つの古墳に被葬者が何人も葬られているというのが日本の前方後円墳の実態です。後円部の中央に石室はないのではないかという話もあるのですが、江戸時代の一八世紀前半にあたる亨保《きょうほう》年間の『大仙陵絵図《だいせんりょうえず》』には後円部の上に大きな石が描かれています。それを奉行所が垣根で囲んだりもしているので、まず間違いなく石室があるだろうということになります。

仁徳陵古墳の最近の調査

昨年（二〇一八）ようやく宮内庁が幅三〇ｍの平らな中堤の一部分を発掘しました。この調査は墳丘本体の裾の崩れが激しく墳丘本体を保護しないといけなくなり、保存整備のための事前調査を堺市と共同で行ったものです。それで、円筒埴輪の列が二ｍの幅で五本並んでいるものが見つかっています。

これまで仁徳陵古墳の円筒埴輪よりやや大きめの応神陵古墳の成果を援用して試算していたのですが、その時は二万本並べていたとしていました。今度新たに一ｍで二・五本ピッチということがわかったので、三万一〇六〇本の円筒埴輪が墳丘の周りに回っていたのではないかということになります。

加えて堤の上がどうなっていたかというのが謎だったのですが、墳丘では椿山古墳でも斜面があって平らな部分があって斜面があってと段築になっています。葺石《ふきいし》といって、斜面は石に覆われています。平らなところはバラス（砕石《さいせき》）を敷くのではないかという推測はありました。そういうのを意識的に発掘調査しますと、平たいテラス部分はバラスを敷いているということがいまや当たり前になりつつあります。堤の上に敷いたであろうバラスというのを検出したという例がなかなかなかったのですが、去年の仁徳陵古墳の発掘で平らなところというのはどういう処置をしているのかという実態がようやくわかりはじめたのです。

こうした成果とともに、宮内庁が仁徳陵古墳の墳丘の裾がいま水に浸《つ》かっていますので、本体の工事を行うために内側の水を抜かないといけない。裾自体がいったいどこまで広がるかというようなことを課題にして、水中の探査や測量図の作成をあわせて行い、復元しています。宮内庁が二〇一七年に航空レーザー、音響測量、移動体計測を統合して調査した所見によりますと、仁徳陵古墳は五二五mの長さがあるだろうと、ただ多少は裾に余分な流出土がかぶっているはずなので、その分が引き算になりますが五二〇mくらいの墳丘であるということがわかりました。

私はちょっと前までは、五一五mを見込んでいました。中国の秦《しん》の始皇帝《しこうてい》の墳丘がボーリング調査の結果、五一五mまでいくだろうということだったので、それまでいわれている仁徳陵古墳の墳丘の四八六mというのは世界一ではなくて、始皇帝陵に負けていたのですが、今回水を抜いたとすればという計測で名実ともに世界でトップの墳丘ということになります。

こうした古墳が完成する直前くらいに、私は椿山古墳がつくられたのではないかと考えています。

河内・和泉での巨大古墳の築造

つづいて図5にあげた奈良県の古墳の変遷図をご覧ください。これは何かといいますと、応神陵・仁徳陵古墳のある大阪平野南縁より先に、奈良盆地北部の方が古くつくられていることがわかります。図の上の方が古いので百舌鳥《もず》・古市《ふるいち》古墳群より古く、奈良市にある神功《じんぐう》皇后陵から日葉酢媛《ひばすひめ》陵、成務《せいむ》陵古墳などがあります。その後、百舌鳥・古市古墳群と併行してコナベ古墳、平城宮にある神明野《しめの》古墳などがあって、ずっと四期と呼んでいるころまで続きます。

ウワナベ古墳のころが椿山古墳もつくられた時期にあたり、そのころまでずっと古墳が

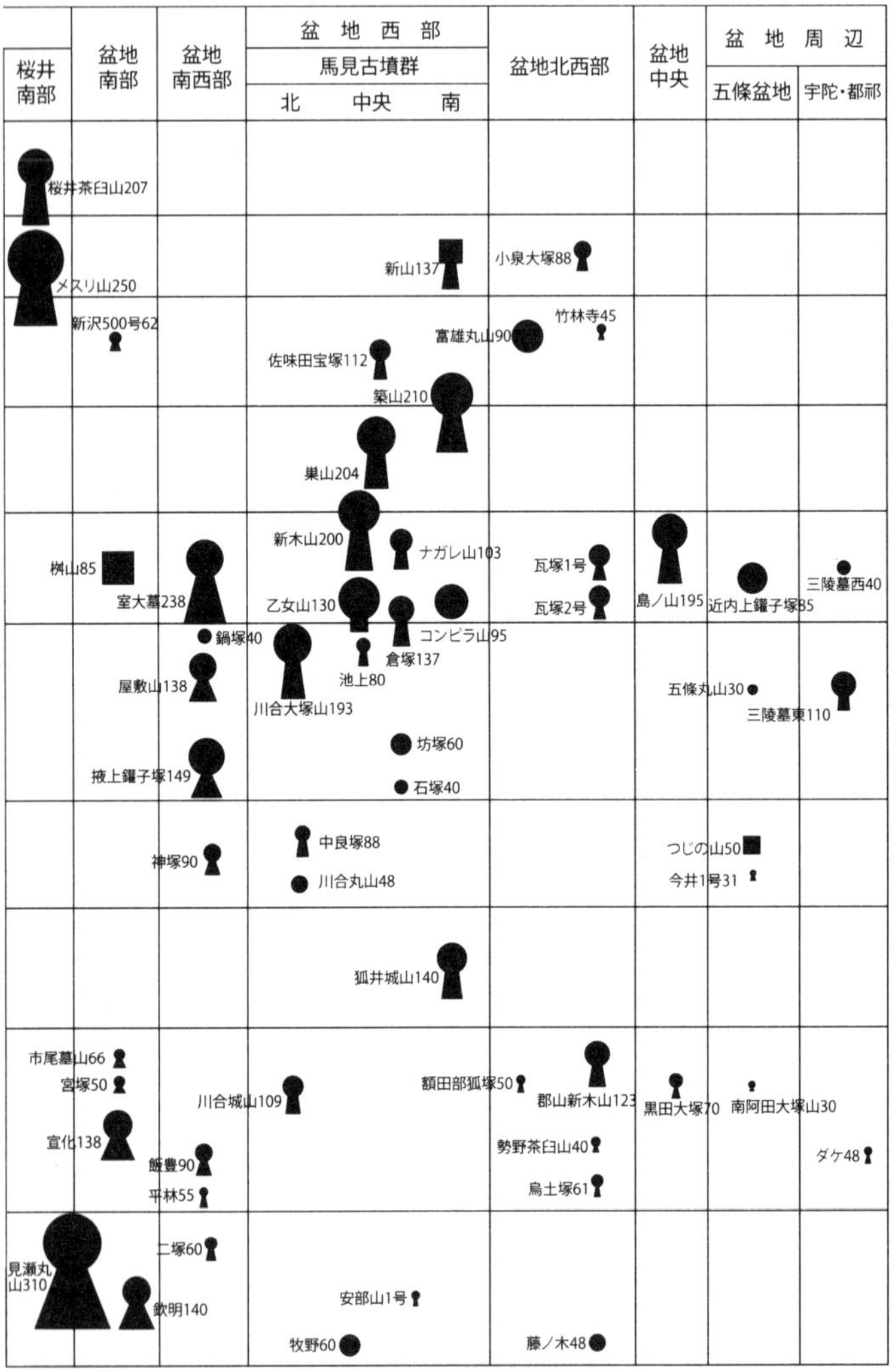

桜井南部
盆地南部
盆地南西部
盆地西部
馬見古墳群
北
中央
南
盆地北西部
盆地中央
盆地周辺
五條盆地
宇陀・都祁
桜井茶臼山207
メスリ山250
新山137
小泉大塚88
新沢500号62
竹林寺45
富雄丸山90
佐味田宝塚112
築山210
巣山204
新木山200
ナガレ山103
瓦塚1号
島ノ山195
三陵墓西40
桝山85
室大墓238
乙女山130
瓦塚2号
近内上鑵子塚85
鍋塚40
コンピラ山95
倉塚137
池上80
屋敷山138
川合大塚山193
五條丸山30
三陵墓東110
坊塚60
掖上鑵子塚149
石塚40
中良塚88
つじの山50
神塚90
川合丸山48
今井1号31
狐井城山140
市尾墓山66
宮塚50
額田部狐塚50
川合城山109
郡山新木山123
黒田大塚70
南阿田大塚山30
宣化138
勢野茶臼山40
ダケ48
飯豊90
烏土塚61
平林55
二塚60
見瀬丸山310
欽明140
安部山1号
牧野60
藤ノ木48

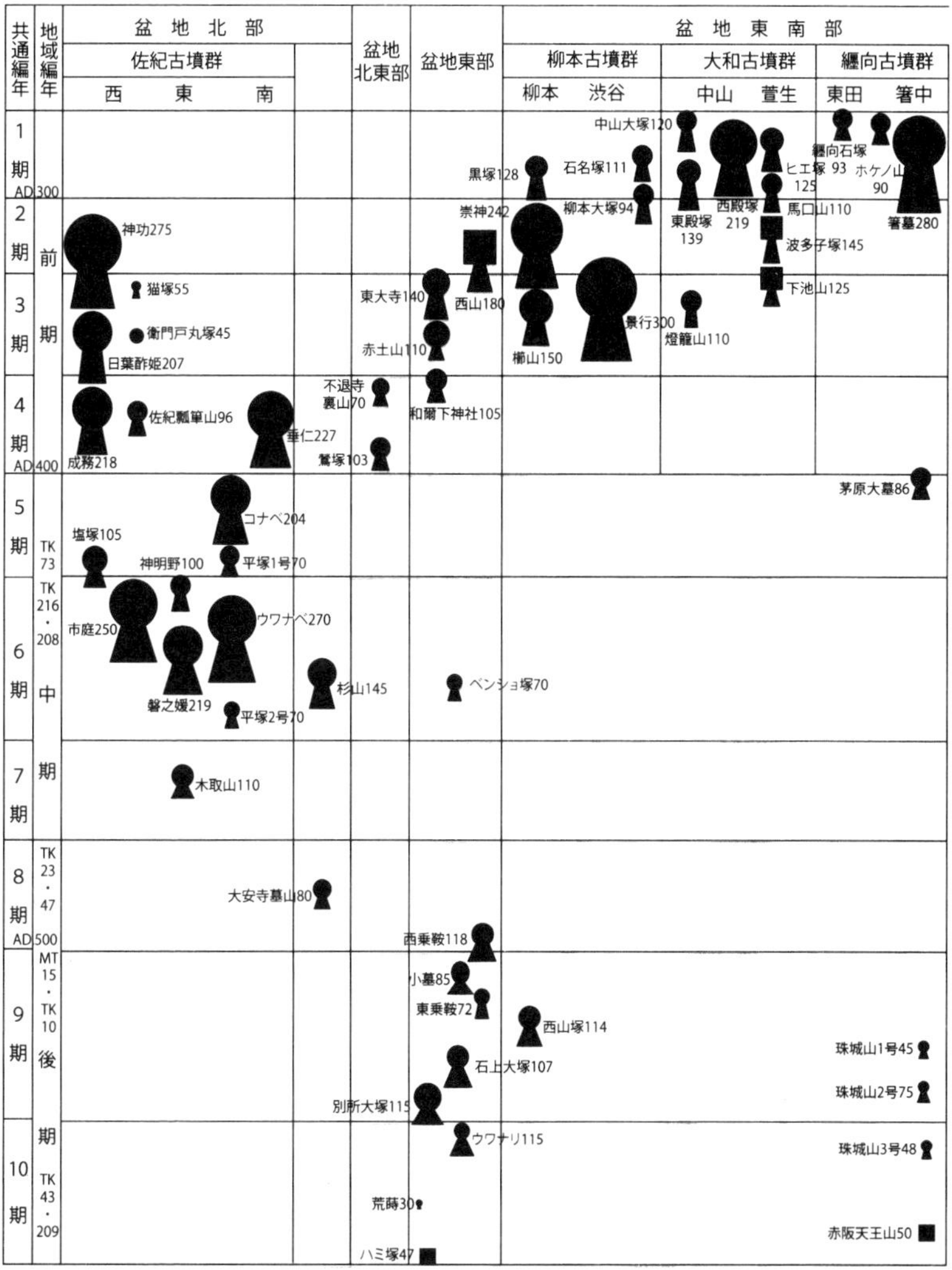

図５　大和の主要古墳編年表

造られ続けています。この奈良市にある佐紀《さき》古墳群の大きな古墳は大王墓の墳形の変化と沿うようにしていることから配偶者系譜の豪族のものだと私は思っています。というのは、奈良盆地の西部、大和高田《やまとたかだ》市や広陵《こうりょう》町あたりも七期まで続く盆地西部の馬見《うまみ》古墳群があります。そちらをご覧いただくと、新山《しんやま》古墳くらいからはじまって、築山《つきやま》、巣山《すやま》、あと乙《おと》女山《めやま》という古墳が連続してつくられます。

このうち、乙女山古墳は椿山古墳と同じく前方部が短い帆立貝式の前方後円墳になります。馬見古墳群の大きな古墳、新山や巣山古墳などの後円部の直径はだいたい一〇〇mで、後円部の径と前方部の長さが一対一なので墳丘長が二〇〇mになって代々続きます。ところがなぜか五期と呼んでいる時期に乙女山古墳の前方部が縮む瞬間があります。こういう帆立貝式の現象というのも椿山古墳が造られた時期と近いので符合します。後の話の参考にもなるかなと思います。それにしても、馬見古墳群では一時は帆立貝式なのですが、その後は元にもどり川合大塚山《かわいおおつかやま》古墳が続いていたりします。つまりこの系譜は前方部を小さく強要される立場だったと思うのです。

五～八期というのは中期、おおむね五世紀にあたりますがそういう状態が盆地の北部、西部では続いている。それにもかかわらず、盆地の東南部をご覧いただきますと、パタッと五～八期には主だった古墳がなくなります。そのあと後期の六世紀になりますとようやく西山塚《にしやまづか》古墳、継体《けいたい》天皇の配偶者の手白髪《たしらか》命の墓と推測されますが、そこで復活してきます。

五〜八期の間は盆地東南部で大きな古墳を作っていないということになるのですが、図6ですね、ちょうどこの三期と四期すなわち五〜八期の間には、和泉《いずみ》北部とある百舌鳥古墳群という大きな古墳があるという存在があります。古市古墳群も同じような時期に一番大きくなります。古市古墳群の方は大きい古墳が突如出現した後はそのままずっと大きい古墳の築造が続いていきます。つまり地域的に大きな墓を築く自力があるとともに大きな墓を中期の五世紀になって巨大化してきてそのままずっとつくられるという、連綿とした流れが見てとれます。ところが、百舌鳥古墳群のほうは三期と四期に突然大きくなって現れてニサンザイ古墳で大きな古墳を作るのは突然やめてしまっています。これには強力な権力の関与が外からあったと思われます。

百舌鳥古墳群の大きな古墳を大和の東南部のブランクに当てはめ込んでもらうと具合がいいのかと思います。百舌鳥・古市とは違う古墳群なのですが、同じ時期に大きな古墳として、大阪の河内和泉でつくられたという状態になっています。埴輪の技法などでみると、日本中の古墳築造エネルギーが集中していることがわかります。

そのように大和と河内を基盤とする勢力が大きな力をもったとき、まさに百舌鳥・古市のピークの時に、今日の話の椿山古墳はつくられたということになります。

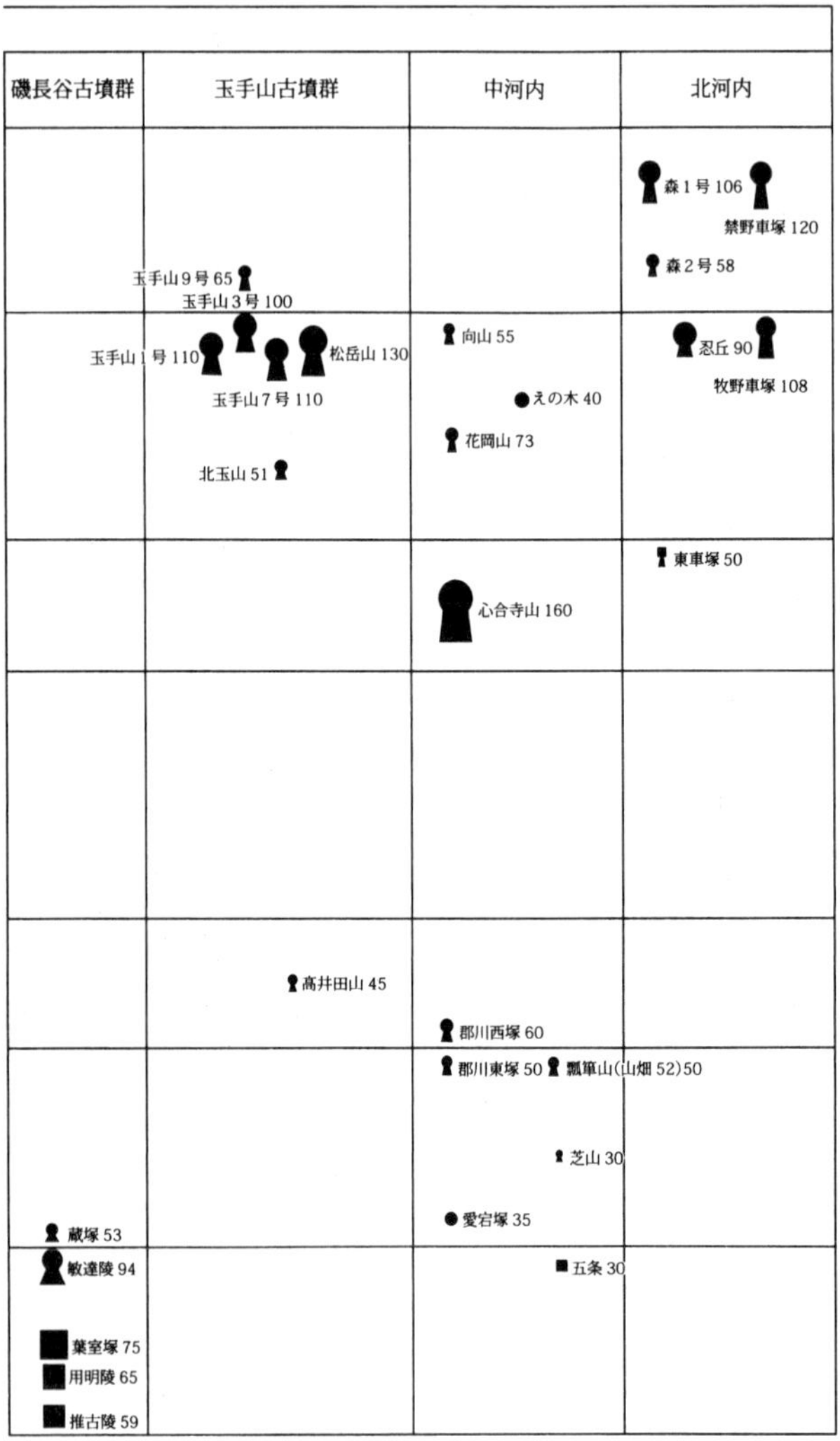

磯長谷古墳群
玉手山古墳群
中河内
北河内
森1号 106
禁野車塚 120
森2号 58
玉手山9号 65
玉手山3号 100
玉手山1号 110
松岳山 130
玉手山7号 110
北玉山 51
向山 55
えの木 40
花岡山 73
忍丘 90
牧野車塚 108
東車塚 50
心合寺山 160
高井田山 45
郡川西塚 60
郡川東塚 50
瓢箪山(山畑 52)50
芝山 30
愛宕塚 35
蔵塚 53
敏達陵 94
五条 30
葉室塚 75
用明陵 65
推古陵 59

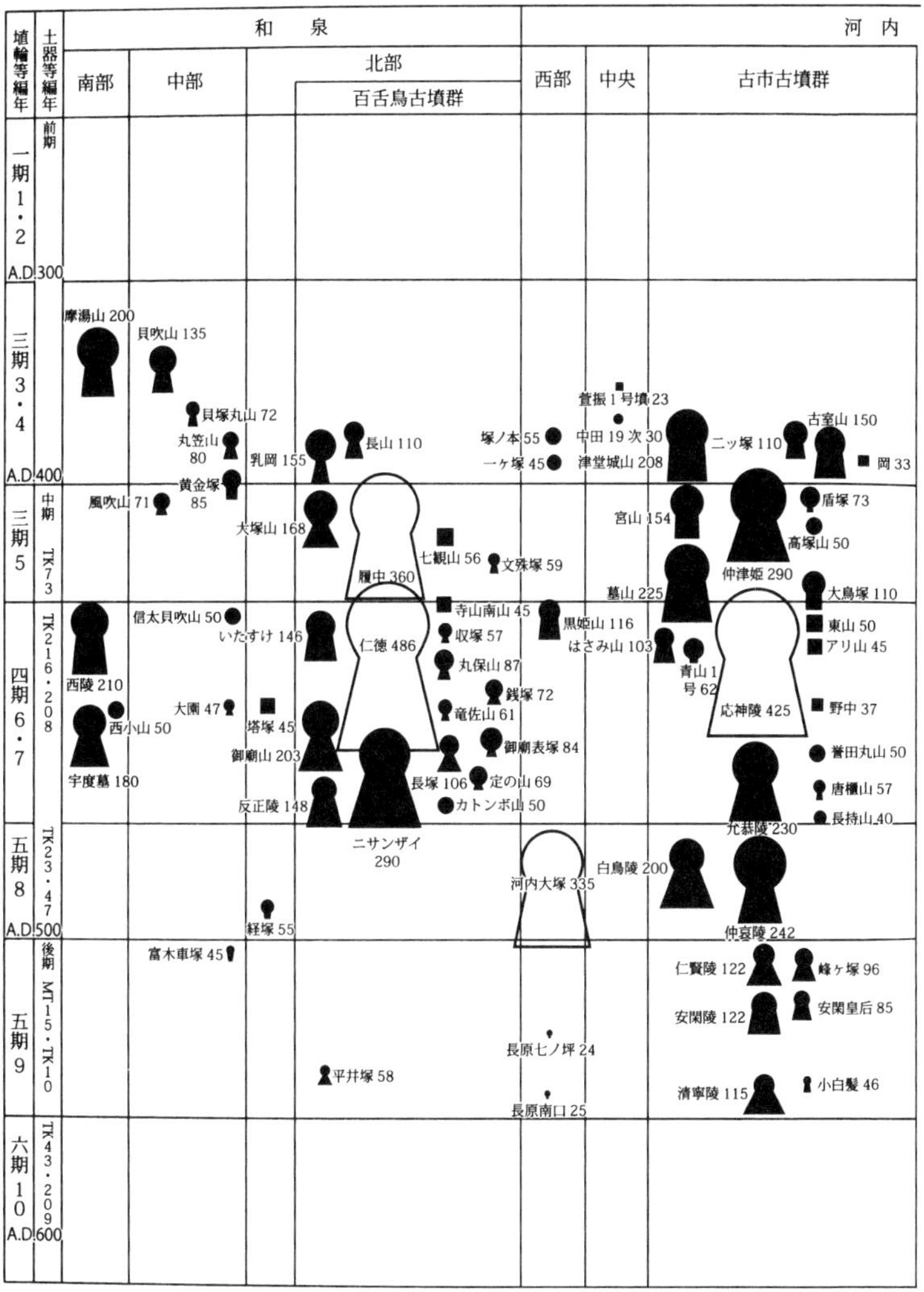

図6　河内の主要古墳編年表

巨大古墳の墳丘模型づくり

私は大阪府立近つ《ちか》飛鳥《あすか》博物館というところで、仁徳陵古墳の復元模型を作ったことがあります。模型会社の株式会社ヤマネさんに模型を作っていた時のビデオを借りてきたので、それをご覧いただきますと、だいたい日本で巨大な前方後円墳の墳丘にはどういったものが備わっていたかということがご理解いただけると思います。そのビデオを流したいと思います（写真2）。一五〇分の一で作ったので直径一〇mの大きさの模型になりました。ほこりをかぶらないケースに入れるわけにはいかなかったので、人が乗って掃除できるのを前提として模型の骨格は人が乗ってもまったく大丈夫なようになっています（写真2-1）。

実際には、模型の真ん中の高まりのまわりに濠を掘って土をとってそれを中に盛って上に二段分の墳丘をつくりました。あわせて三段築成の全部を完成させるということです。五世紀の標準形は三段です。斜面には葺石を大中小の大きさの石に分けて、この裾には一番大きい石を葺《ふ》いて斜面に並べるときには施工の仕上げの目印になるように中くらいの石を列に並べて（写真2-2）、その間に石を埋めて葺いていきます。そのときに石は瓦を葺くように小口積みしていきます。

模型は葺石と言えども一五〇分の一なので使う材料は砂になります。そのため丹後の方

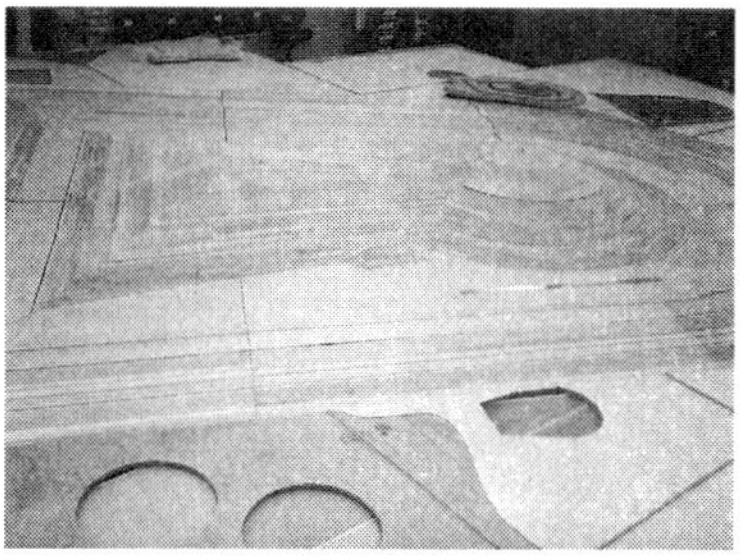

写真２−１　骨組みの製作

写真２−２　葺石を葺く

写真２−３　埴輪を立てる

写真２−４　木製品を立てる

写真２−５　工場での製作

写真２−６　博物館での仕上げ風景

写真２　仁徳陵古墳模型古墳本体制作風景

に砂浜の砂を取りに行って、その砂を三種類に分けて先ほど言ったような積み方がわかるようにわけて貼り付けています。石の大中小を選ぶのに模型会社でふるいを用いて一年ぐらいかかっています。つまり模型をつくるのに一番手間取ったのが葺石の石を段取りすることでした。これらは古墳の実際の調査情報から設定しており、平坦《へいたん》なところの表面処理については、この模型を作ったときの発掘データが墳丘テラスはあったのですが、堤の上は手がかりがなく、いったんは敷石がされているだろうということにしてバラスを葺いています。

古墳の周りは今では市街化されており、堺市が発掘調査したデータで古墳時代の高さを検出しましして凹凸をつけていますが、古墳のある台地との落差以外の凹凸はそんなたいしたことはありません。これは模型会社の工場で作っているところです（写真2-5）。博物館の間口が二m四〇cmしかないので、いったん作ってからまた二m四〇cm以下に分解して、博物館に持ち込んで作りました（写真2-6）。

仁徳陵古墳の場合は先ほど言いましたように埴輪を三万本以上並べたのだろうということになります（写真2-3）。応神陵古墳の方は埴輪が仁徳陵古墳より少なく、一万七千本くらい。前方部の長さが仁徳陵古墳より応神陵古墳は短く埴輪が大きいので、その分、埴輪生産量としては一万本ほど応神陵古墳の方が目減りしています。その埴輪とともに椿山古墳と同じように笠形木製品の大きなものが立てられました（写真2－4）。木製品のデザインや細かな製作技術は応神陵古墳をトレースしています（図3）。

埴輪は窖窯《あながま》という登り窯で焼いています。窯で焼いている技術が椿山古墳でも使われています。埴輪はひと月寝かせて粘土を乾燥させてから窯に入れないといけないので、大きな竪穴住居みたいなところで製作して、乾かしている状況を模型に組み込みました。これで完成ですね。

こうした施設が椿山古墳の周囲で見つかるはずです。この築造施設のほかに、周りには小さな古墳、小さいといっても一〇〇mクラスが四基、他に帆立貝式、円、方と大小、形の違う古墳が備わっているというのも仁徳陵古墳の特徴です。椿山古墳の近くの狐塚遺跡では帆立貝式と円墳、方墳が接するので椿山古墳も同じように周りにありそうですね。

巨大古墳築造の東西ライン

引き続いて、写真3は衛星写真で撮ったもので、古墳の存在は宇宙からもよくわかります。左側中央辺りに仁徳陵古墳と履中《りちゅう》陵古墳が南北に並んでいます。古墳時代の海岸線がそのすぐ西にあって大阪湾になります。125ページの図2をご覧いただくと百舌鳥古墳群

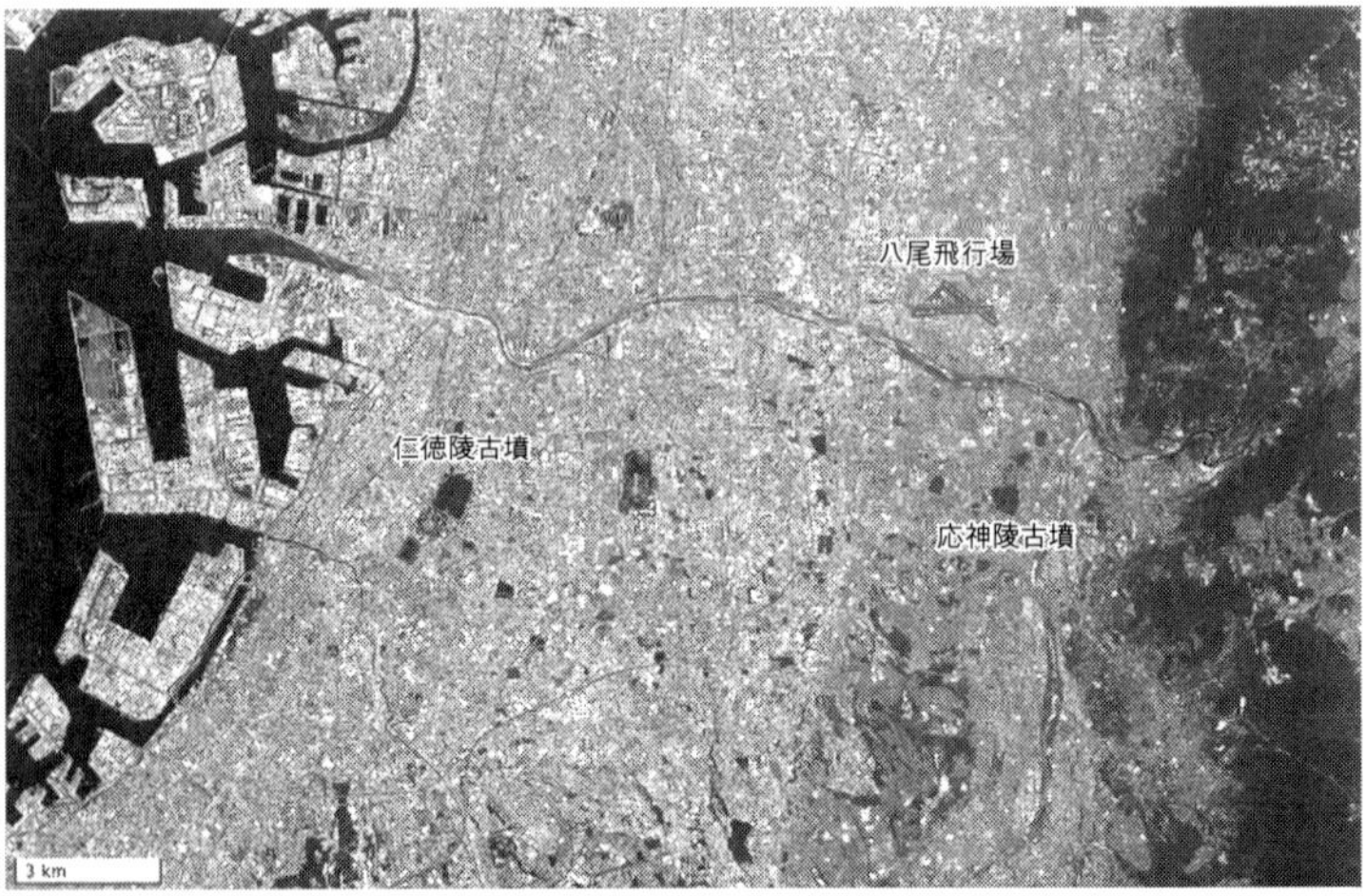

写真3　百舌鳥・古市古墳群衛星写真（国土地理院ウエブサイトより。文字を追加）

は大阪湾の海岸線沿いに古墳を並べているものと内陸に向かう川沿いに沿うものがあります。やや内陸に入って、百舌鳥では第三位の大きさのニサンザイ古墳がよく見えます。ほとんど同じ緯度で東へ古市古墳群があり東西に並びます。ちょうど、百舌鳥・古市古墳群築造のころから馬が朝鮮半島から導入され、陸路が整い出すということに連なる動きです。中央右側に応神陵古墳があります。允恭陵古墳がその台地の北端にあって、南には白鳥《はくちょう》陵古墳、西に仲哀《ちゅうあい》陵古墳があって、衛星写真でもひとつずつ古墳を指せるくらいそれぞれ大きな規模を持っているのです。関西国際空港や伊丹《いたみ》空港の発着時に運が良ければ、上空からよく見えます。

先の私の言いぶりからすると、大和東南部

の勢力が百舌鳥の方に来て、しかも海の方、西方の大陸の方の中国の宋や朝鮮半島の情勢などをにらみながら、百舌鳥古墳群はつくられているということになります。それと併行した形で応神陵古墳などが五世紀前半の時期にトップクラスが百舌鳥と古市古墳群につくり続けられたということになります。

時間関係からいきますと、先の『宋書』があって、讃が四二〇年くらいに最初に使いを出します。前方部で見つかった竪穴《たてあな》式石室、石棺はとんでもない前方部の斜面から出てきています。長持形石棺の周りには、朝鮮半島と大陸にかかわる品々が見つかっています。鉄刀がいっぱい石室の壁に引っかけられたようです。小口側に甲冑と飾り刀、ガラスカップが置かれていることが書かれています（写真1）。その辺りはあとで高橋先生のコメントがあると思います。椿山古墳で見つかっている刀剣と甲冑との関係も気になるところです。

巨大古墳での大量の埴輪と木製品の樹立

こうした国際交流とともに巨大古墳が誇るのは圧倒的な物量をビジュアルにみせていることです（図3）。墳丘には円筒埴輪がずらっと並んでいました。そのなかにときどき盾《たて》形や甲冑形埴輪が混ざったりします。示した絵の埴輪の種類の比率は応神陵古墳の成果を反映させています。ここでは笠形木製品もかなりなピッチで立てています。墳丘や中堤、外堤にも立てています。ただ、この絵で円筒埴輪より内側に来ているのは嘘《うそ》で、根元をどう復元していいのかわからないので内側に配列しているだけで、発掘された古墳でこういう円筒埴輪にまぎれて、木柱を建てた穴だけが円筒埴輪の中に混じって出てきたりするので、本来は木柱が円筒埴輪と同じ列にあったのかなと思ったりしています。その柱の上に大きな笠形が乗っかっている。笠形木製品の出土例として、先ほど三、四mという間隔が椿山古墳でわかりそうなので、どのように並べたかについてのかなりのヒントになります。

奈良県橿原市の橿原神宮の近くにある四条《しじょう》古墳というのは二・六三m間隔くらいだと濠に落ちていた出土量から推測されます。天理市の小墓《おばか》古墳という前方後円墳は、小さな古墳なのですが、このピッチより細かく出土しています。ただ小墓古墳の場合は小さい笠形と大きい笠形が混じっているので、大小がセットになって置かれていたかもしれません。京都府の長岡京市の今里車塚《いまざとくるまづか》古墳というのは木柱が裾にあります。その木柱の周りに葺石がかぶっています。つまり葺石を葺く前に木柱を立てたことがわかるのですが、この間隔が四m。椿山古墳は先ほど近藤さんの復元方法からすると三m間隔ということになりましょうか。だとすれば、あんな大きな笠形木製品を並べるために七〇個以上が必要になります。

応神陵古墳の方の笠形木製品は直径九〇㎝台が大半です。現物は近つ飛鳥博物館に一個ありまして、展示室で見ていただくことができ、あと羽曳野市の誉田八幡宮《こんだはちまんぐう》の宝物館にあります。誉田八幡宮は一一、一二世紀からずっと応神天皇を祀《まつ》る神社が応神陵古墳の南にあるのですが、世界遺産の調査でイコモス（国際記念物遺跡会議）の調査員がその神社の九月一五日の応神陵内への渡御《とぎょ》にも参加して、今も残るそうした伝統についていたく感激したそうです。そうした現物を見ることができますので、椿山古墳の実物と応神陵古墳の実物と見比べていただいたらいいかなと思います。

それから、近藤さんの報告の図10・11（36ページ）に東京国立博物館が所蔵する笠形木製品の実測図が出ています。応神陵古墳はあちこちから笠形木製品が出ているということになります。試算しますと、応神陵古墳は一万七九二〇本の埴輪。そして、笠形木製品は、直径一ｍの丸太を半分に割ってようやく二個できるというしなものなので、直径一ｍ、一〇ｍの長さのコウヤマキの大木で二〇個がようやく手にはいるだろうということです。かなりなピッチで笠形木製品を立てたとすれば、四四八本ぐらいの大木が必要です。これだけ大きなものなので、椿山古墳のものが出るまでは日本最大の笠形木製品は応神陵古墳例だけで、他の古墳はかなり水をあけて小さい四〇～五〇㎝くらいのものかなと思っていたのですけれども、応神陵古墳に匹敵するものがあるのだということがわかって、びっくりしました。
ちなみに七五㎝でやや小ぶりですが、大木なので根の方の幹の部分を木取りするのと、上の方の一番有効にぎりぎり使える品物だと直径一〇㎝くらいの差は余裕で出てくるので、椿山古墳のほかの部分を発掘すると応神陵古墳を凌駕《りょうが》するようなものが出てくる可能性は大いにあると思っています。

前方部増大への変化と前方部の縮小減少

あと、椿山古墳と巨大古墳との関係でもう一つの重要な問題が、帆立貝式ということになります。図8の前方後円墳、Aが卑弥呼の墓とされる箸墓古墳で墳丘長三〇〇mです。Gが橿原丸山《かしはらまるやま》という奈良県橿原市にある古墳なのですが、これも三三〇mあります。魏呉蜀の魏が力をもち隋の統一くらいまでの間、日本列島は三〇〇m以上の前方後円墳を定期的につくったということになります。その間、前方部がものすごく次々に変化しています。

Aはちょうど前方部の真ん中がくびれて、前方部の先端だけが三味線の撥《ばら》のように広がるので撥形の前方部と言っています。Bは前方部が低くて幅が狭くて柄鏡式と言ったりする墳丘になります。Cは後円部の径と前方部の幅は等しくなります。Dは前方部と後円

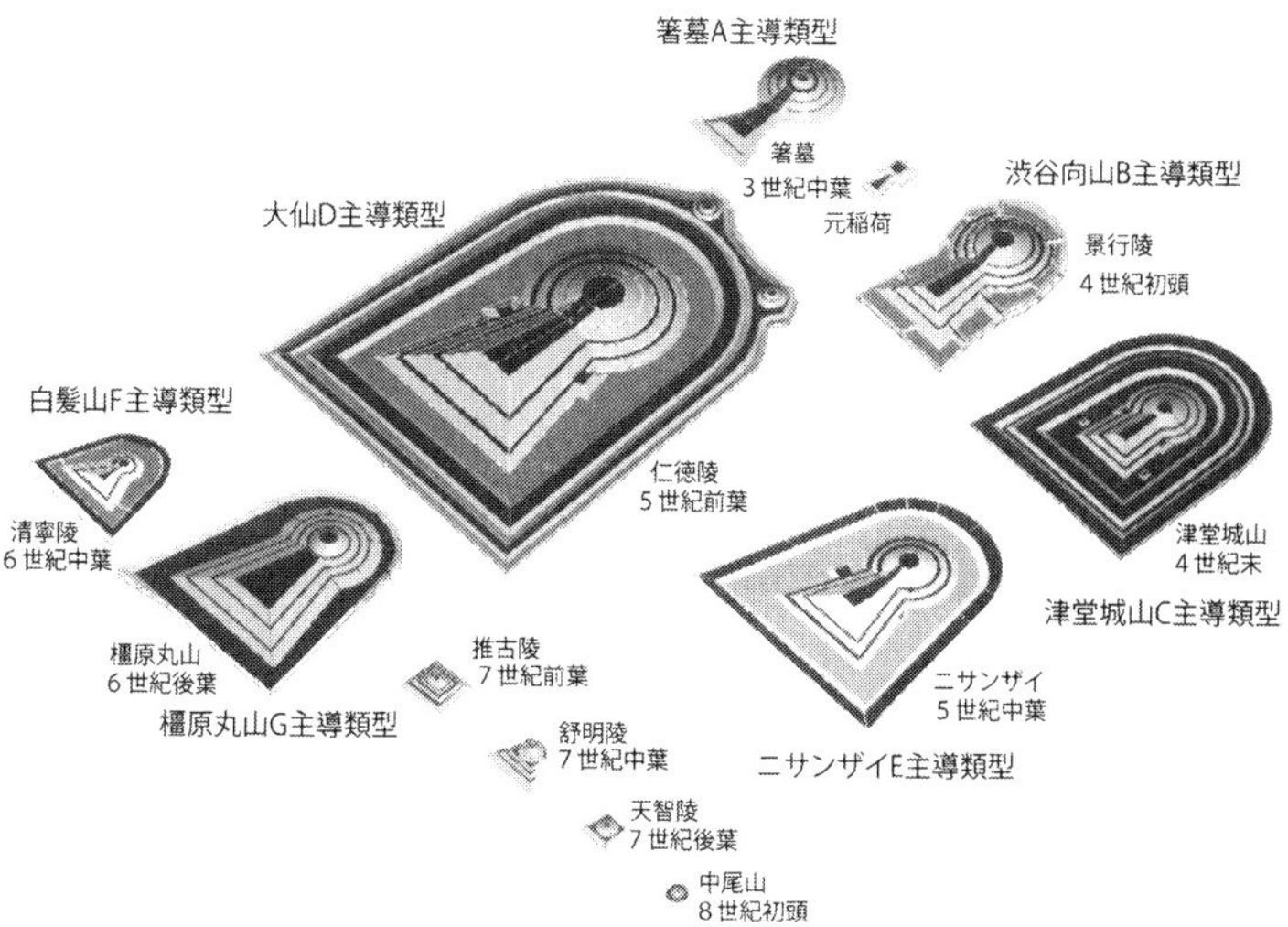

図8　主要古墳の変遷

部の高さが一緒になり前方部が長くなります。ところが仁徳陵古墳をつくった直後にEのニサンザイ古墳の前方部の幅も高さも後円部より大きくなります。前方部増大のピークは、Fの羽曳野市の古市にある清寧《せいねい》陵古墳です。前方部が正三角形になり、三角錐のようになります。エジプトのピラミッドは四角錘《しかくすい》ですけれども、三角錐で、これ以上前方部を高くできないというところまで大きく発達します。つまり、前方部がどんどん大きく推移をしていくのが前方後円墳の形の変化です。このように、前方部が後円部より大きくなろうとする頃に椿山古墳がつくられるのですが、前方部が小さいのです。

あと百舌鳥・古市古墳群での墳形の変

化なのですが、図9の上が墓山古墳で履中陵、応神陵、仁徳陵といった古墳ですが、古い時期には方墳が大きな古墳の周りについています。応神陵古墳の方も方墳が優勢です。ただこの後の高橋先生の話で、古墳の実態が話で出てくると思いますが、ちょうど方墳とと

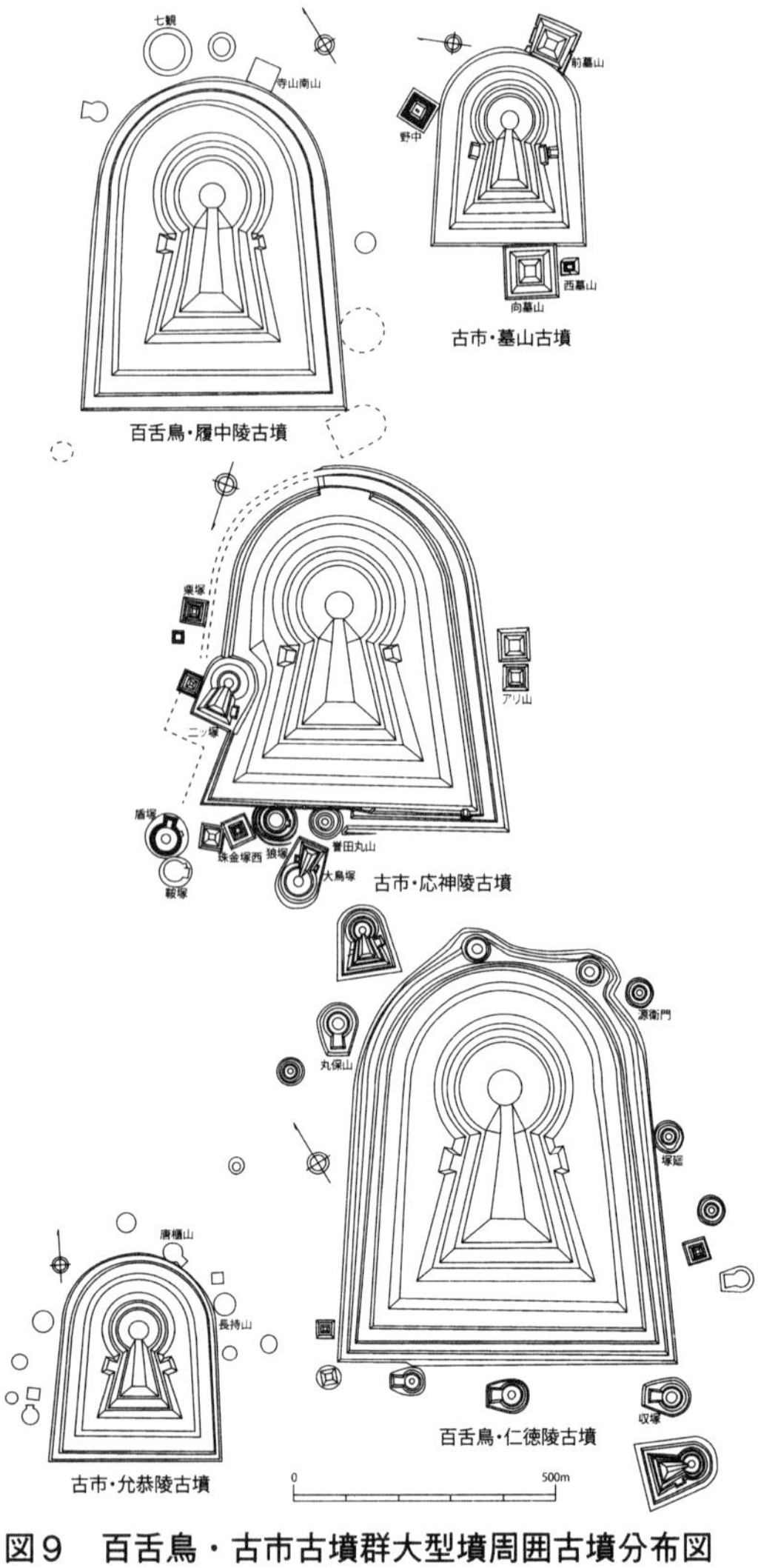

図9　百舌鳥・古市古墳群大型墳周囲古墳分布図

もに帆立貝式をつくるようになります。椿山古墳がちょっと古めに換算するとこの時期につくられています。前方部が大きくなっていくのに反して、前方部がやや小さい。かなり短い帆立貝式。造り出しのようなちょっと突出したものといった部類があります。図の下の仁徳陵古墳の時期になりますと、方墳というのがほぼなくなって駆逐《くちく》され、仁徳陵古墳の周りは円墳か帆立貝式に集約されていきます。允恭陵古墳には円墳の方が多くなっていきます。つまり巨大古墳の前方部増大と反比例して中小古墳の前方部は縮小、消失していくのです。こういう見方からすると、図5にある佐紀古墳群の代表的なものは前方部の縮小は見られず、大王墓クラスと同じように変化します。対照的に、馬見古墳群はいったん帆立貝式になります。佐紀は王族と親しく、馬見古墳群は先に見たように前方部増大についての規制をうける豪族という位置関係になるのかと私は考えます。

そういう現象の一つに組み込まれたのが椿山古墳の帆立貝式なのかなと思ったりします。つまり百舌鳥・古市と近しいゆえに前方部の制限を受けるような関係にあったのではと。そのへんは高橋先生の話にまた詳しく出てくるかもしれませんので、私の話はここで終わらせていただきたいと思います。

昭和二七年の椿山古墳発掘調査

栗東市教育委員会　雨森智美

椿山古墳の危機？

昭和二七年（一九五二）、治田村では、ある騒ぎがあった。

「栗太郡治田《はるた》村葉山《はやま》村金勝《こんぜ》村大宝《だいほう》村組合立栗東中学校（現栗東市立栗東中学校）」が昭和二三年にスタートし、翌二四年に、これまでの四か村立中学校に分校として通っていた生徒たちが、安養寺村にできた新しい学びの舎に集まることになった。そこで問題となったのが生徒たちの通学路であった。これに対応すべく、通学路の建設が進められることになったのである。さて、そこで建設資材とされたのが、通称「椿山」、椿山古墳の土砂であった。

この年、二月一五日の朝日新聞には「古墳壊して道路建設　教委の忠告で行悩む」と報じられている。すでに入札も終えた土取り工事に対し、県教育委員会が貴重な古墳であるから取り壊しを辞めたらどうかと忠告したのである。近くにある古墳の土を使えないと建設費がかさむということで村当局が悩んだ、というものだ。

京都大学考古学研究室による調査

新聞記事から三週間。建設工事は進んでいた。三月六日の朝日新聞滋賀版には「椿山古墳取り壊す」との見出しが見られる。しかしこの工事中に大きな発見があった。古墳の土

写真１　椿山古墳近景

砂を搬出中に大量の刀剣や鉄鏃《てつぞく》が発見されたのである。工事は中断した。

その後、京都大学考古学研究室により三月二七日より発掘調査が実施されることになった。一行は調査期間中、古墳に隣接する民家に部屋をかりて滞在していたという。

調査の参加者は、鈴鹿康正（滋賀県職員）、小林行雄（当時京都大学助手）、藤沢長治（当時京都大学大学院特別研究生）、林巳奈夫《みなお》（当時京都大学大学院特別研究生）、樋口隆康（当時京都大学講師）、金関恕《かなせきひろし》（当時京都大学旧制学部生）、原口正三《しょうぞう》（当時京都大学新制学部生）。昭和から平成にかけて日本の考古学と文化財保護の礎を築いた錚々《そうそう》たるメンバーが名を連ねる。調査参加者による綿密な調査日誌が公開され、出土の状況とともに発見時の熱気を今に伝える（写真２）。

調査では地元中学生の力をかりつつ掘り進

められた。調査開始から四日後には粘土槨《ねんどかく》から短甲などが姿を現し、槨外には革製の盾が置かれていたことが判明した。途中、四月にもかかわらず霙《みぞれ》の降る日もあり、栗東中学校からテントを借りて調査が進められた。

調査は四月六日まで実施され、粘土槨内から、長方板皮綴短甲《ちょうほうばんかわとじたんこう》一領、鉄剣一七、鉄刀一三、鉄斧《てっぷ》一四、鉄鏃《てつぞく》が出土した。粘土槨の

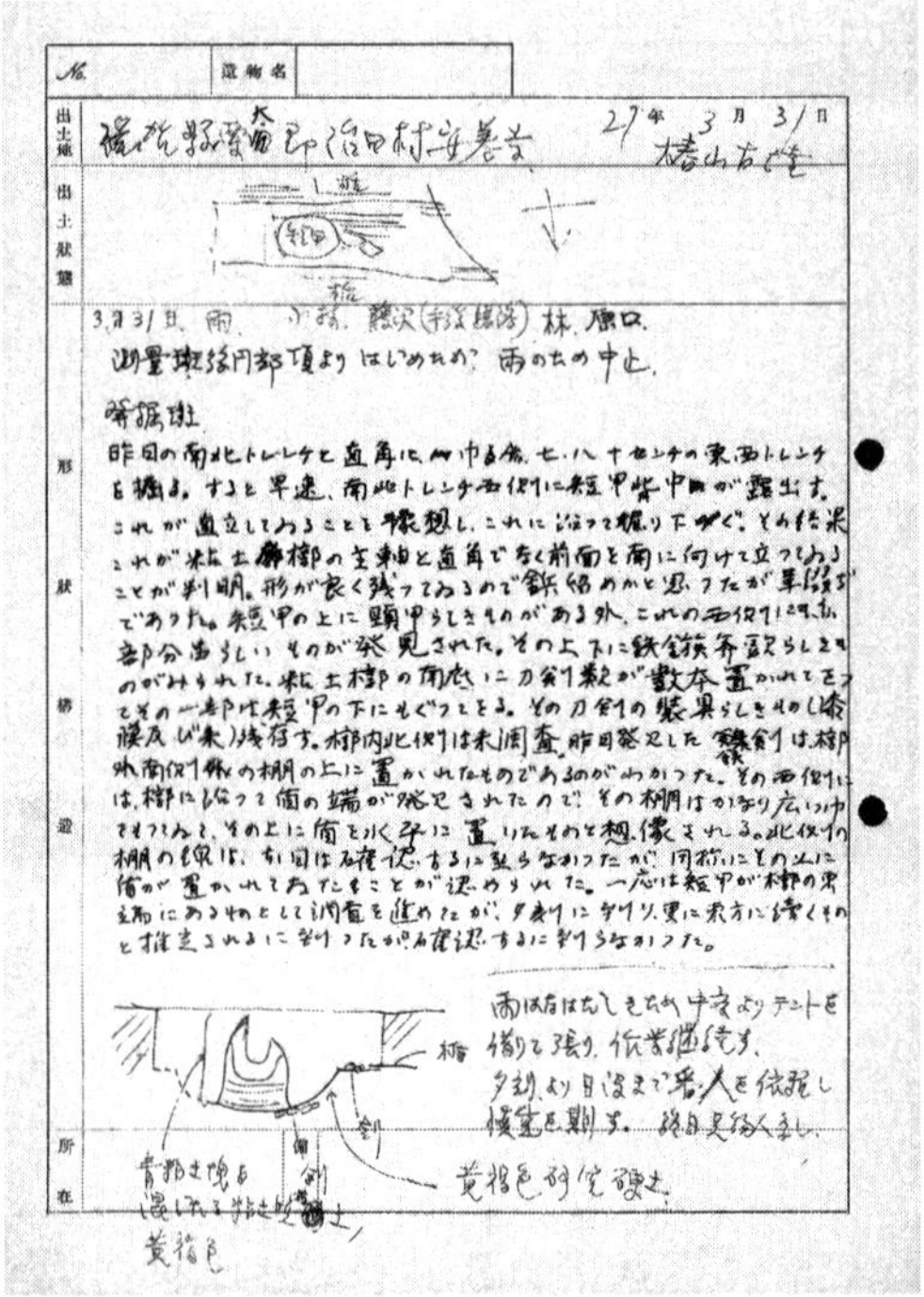
測量班後円部頂よりはじめたが雨のため中止。
発掘班
昨日の南北トレンチと直角に巾約七、八十センチの東西トレンチを掘る。すると早速、南北トレンチ西側に短甲断片が露出す。これが直立してゐることを予想し、これに沿って掘り下ぐ。その結果これが粘土槨の主軸と直角でなく前面を南に向けて立ってゐることが判明。形が良く残ってゐるので鉄錆かと思ったが革綴であった。短甲の上に頸甲らしきものがある外、これの西側に…

写真２　昭和27年の調査日誌抜粋

写真３　出土短甲

外側で発見された革製の盾は全長約一m七〇cmで、石膏《せっこう》を流して取り上げられた。発掘と並行し、墳丘の測量も実施されている。

にぎわう発掘現場

京都大学により調査が行われている間、発掘現場には大勢の人が訪れた。日誌には「終日見物人多し」と書かれており、京都大学による古墳の発掘は、地域に大きな話題を呼んでいたようである。この間、滋賀県知事が二度現場を訪れている。当時の滋賀県知事は金勝村出身の服部岩吉《はっとりいわきち》。服部は知事任期中に滋賀県立産業文化館の設置にも尽力し文化財行政に足跡を残した知事であった。考古学者の藤田亮策《りょうさく》や坪井良平、坪井清足《きよたり》なども現場に駆けつけている。

京都大学により調査が実施されたきっかけは、当時滋賀県の文化財の技術職員であった宇野茂樹（一九二一～二〇一八）による。四月六日に調査が終了すると、一行は小槻《おつき》大社宮司《ぐうじ》宅である宇野邸に招待されている。

　大きな話題を呼んだ椿山古墳は、この調査を経て、郷土の宝として保護されることになった。

参考文献

朝日新聞滋賀版　一九五二年二月一五日

朝日新聞滋賀版　一九五二年三月六日

小林行雄「滋賀県栗太郡椿山古墳」『日本考古学年報』5　昭和二七年度　日本考古学協会　一九五三年

小野山節「原口先輩から受けた最初の刺激—昭和二十七年京大考古学教室」『あまのともしび』原口正三先生の古稀を祝う集い事務局　二〇〇〇年

このほか安藤辰夫氏・宇野日出生氏・田井中洋介氏にご教示を得た。

図版出典

写真1～3　京都大学考古学研究室の承諾の元、小林行雄考古学選集刊行会『小林行雄考古学選集第二巻　古墳文化の研究』真陽社　二〇一〇年より引用

講演　安養寺古墳群を解き明かす

花園大学
高橋克壽

皆様こんにちは。京都の花園大学から参りました高橋です。タイトルのように少し大上段に構えたお話をするつもりです。一瀬先生から濠の下を調べる仁徳陵古墳の調査の話がありましたが、私も今、科学研究費をもらい、それを実際やっているところです。ウワナベ古墳という奈良の北部の古墳の濠の底を音波で調べていて、墳丘の全形がつかめそうです。科学技術を使うことで、古墳の本来の姿がこれからもっとわかってくることを、皆さん将来楽しみにしていただければと思っています。

山の上の古墳から低地の古墳へ

栗東市にある安養寺古墳群について、近藤さんは栗《くり》太《た》郡の権力を持った中心人物の墓だという話をしました。それをもう少し範囲を広げて、「近江国《おうみ》で」と言えないのかというところですけど、実はその前後の歴史を見ても、どこに近江の中心があるのだろう、といまいちわからないという気がします。古くは縄文時代には西日本的な土器があったり、あるいは北陸的な土器が顔をだしたり、という感じ、また弥生時代はまた東海の土器が米原や彦根のあたりには出てくるけど、栗太郡の方までは出てこない、かわりに畿内の定義に該当する土器が入ってくる。また北の方では若狭《わかさ》や丹後などの特徴が顔をのぞかせるといったように、どこに中心があって、近江らしさがどこにあるのか、なかなかわからないのです。そこで、安養寺古墳群に葬られた人たちはどういう顔を持っていたのだろうか、というような意識を念頭に置いておきたいと思います。

また、帆立貝《ほたてがい》式という古墳がこの地域の前方後円墳の特色であるということがわかっていますが、あるいはその古墳の形が何を示すのか、そしてその被葬者の下にはどんな人物が控えていたのか、そういう当時の権力の実態がどれほどわかるのかというような話も考えたいと思っております。私はこの地域を近畿地方の大和政権、河内王朝といったところとだけ対比するのではなくて、その地域じゃないところの場合のあり方と比べると、どういう個性があるのか、あるいは同じようなところは他にないのか、そういうような目で安養寺地域の古墳群の特徴をあぶり出したいと思っています。

図1　安養寺古墳群周辺主要古墳分布図

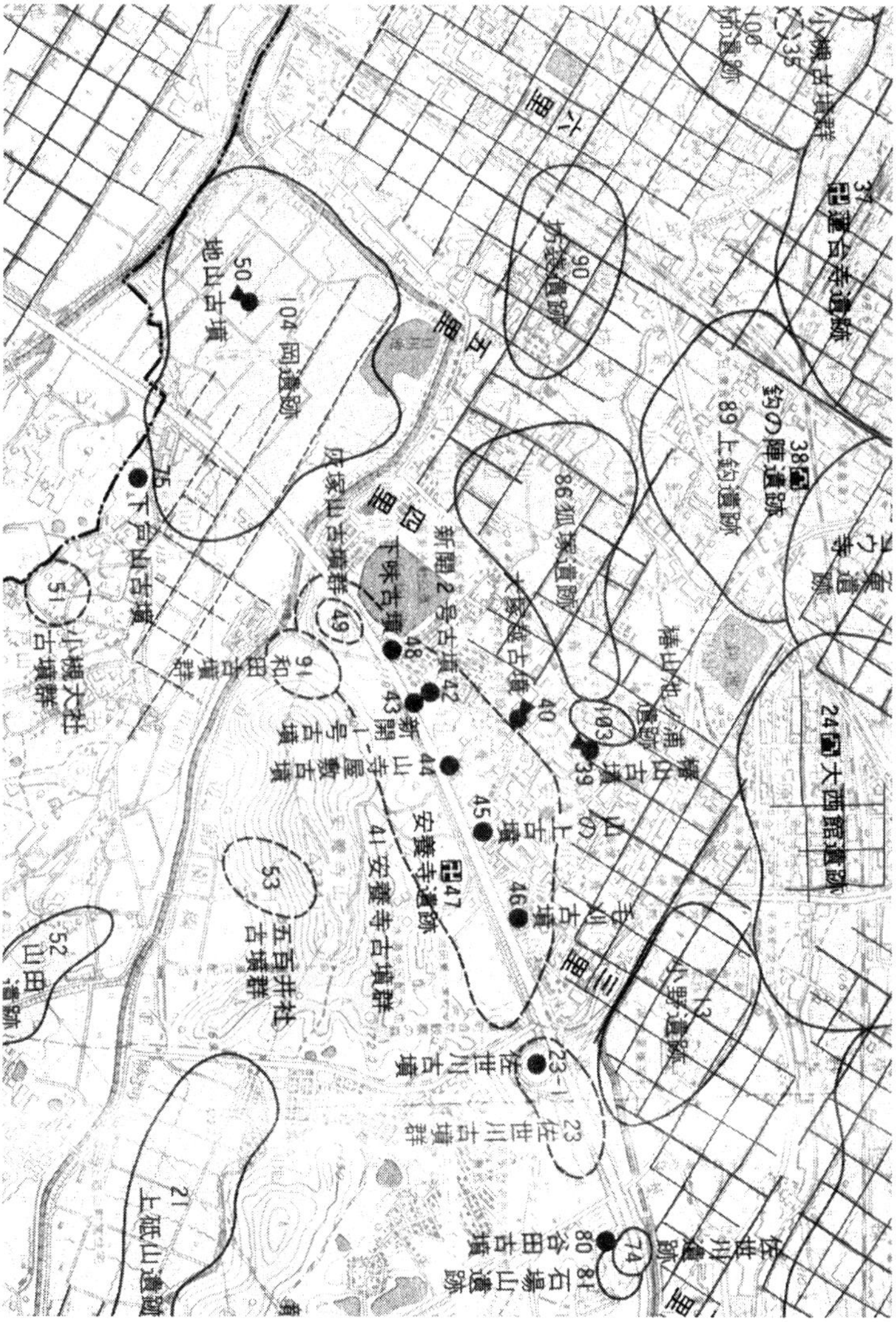

まず、この地域の特色は古墳時代の前期から常に立派な古墳がつくられている話がありましたけれども、その中でなにか変化が起きてないのか、というところをひとつポイントにしたいと思っています。山の上の古墳から低地の古墳へという変化が、意外と重要じゃないかと思っています。図1を見ると、古い時代の古墳というのはこの安養寺山の上、あるいは名神高速道路が通っているやや高いところに作られていっているような状況です。一方、椿山古墳や地山古墳というのはもっと低いところに、遠くからでも見えるような場所にあることが、地元の皆さんならよく理解できるかと思います。

この点について、何とか学問っぽく迫れないかと、以下つらつらと表1にリストをあげておきました（表1）。どういう観点であげているかというと、古い時期から順にみていくわけですけど、いまこの、確認できる標高、いわゆる東京湾を0《ゼロ》mとした海抜で表現したのが数字の左側で、比高と書いているのが周囲との相対的高さ。削られてしまった古墳は0mとしています。墳丘が残っている場合は高いところまでの高さを比高として書いています。山の上の古墳の場合は、山の裾が海抜八〇m、九〇mあったら、そこからの高さなどを書いているのでわかりにくいかもしれませんが、一つ一つ見ながら、説明してまいります。調べられたものだけ数値を書いています。

まずこの地域をみていきますと、一番古い段階、野洲《やす》のほうに古冨波山《ことばやま》古墳というのがありますが、そこが見つかっているエリアは非常に低い、野洲川の流域の平地でありまして、まったく周りからの高さの差はみられない。これがちょっとネックになりますけど、四世紀代になってみると、膳所茶臼山古墳《ぜぜちゃうすやま》、大津の方にある古墳は墳丘のトップの一番高いところが約一五五m。周囲からすると六〇m上にある。六〇mくらい上というのはかなり上の方ですね。近くまでいったら山と一体化した上の方にあります。

次に、この安養寺古墳群についてはゴシック体にしておきましたが、これは墳丘のトップが北谷11号墳の一四三mで、丘陵地形の始まる、前の平たいところから見上げると四五mの高さがある。やっぱり山の上の方、上がってみたいと思わない高さです。

東近江市の雪野山《ゆきのやま》古墳にいたれば、三〇九mで、私が京大時代に掘ったふもとの雪野寺跡がある低いところから見れば二〇〇mも上になります。気軽にはおすすめできません。どうぞ行きたければ行ってくださいというくらいの高さです。下から古墳の形がみえるのかですが、おそらく手前の木々があって、下から見えないですね。遠く離れれば、あのやまのトップのちょっと木の少ないところ、ということでわかるかもしれませんけど。

これが典型的な前期古墳の四世紀代のこの地域のあり方かなと思います。ただし近江風土記の丘にある安土瓢箪山《あづちひょうたんやま》古墳だけは変な立地をしています。山の上になくて、奥まっている所だけど、低い山そのものが古墳になっているというような形で、これがどうして

越前					
	墳形	古墳名	標高	比高	備考
4世紀の首長墳	前方後円墳	今北山古墳	133m	110m	図4−2
		手繰ケ城山古墳	163m	120m	
	円墳	足羽山山頂古墳	100m	90m	
5世紀の首長墳	前方後円墳	六呂瀬山1号墳	195m	170m	
		六呂瀬山3号墳	180m	155m	図8右
		鳥越山古墳	264m	240m	
		二本松山古墳	273m	250m	
	円墳	免鳥5号墳	76m	40m	
		天神山7号墳	76m	40m	
	帆立貝式古墳	泰遠寺山古墳	25m	0m	図3−3

若狭					
	墳形	古墳名	標高	比高	備考
4世紀の首長墳	前方後方墳	松尾谷古墳	80m	60m	
	前方後円墳	九花峰古墳	134m	120m	
5世紀の首長墳	前方後円墳	上ノ塚古墳	60m	8m	
		西塚古墳	52m	4m	
		向山1号墳	85m	50m	
	帆立貝式古墳	脇袋丸山古墳	67m	20m	
6世紀の首長墳	前方後円墳	十善の森古墳	42m	7m	
		下船塚古墳	30m	10m	

表1　山の上の古墳と地上の古墳

（墳頂標高、比高概算、報告書などから）
比高０ｍは、周囲が平地の場合や墳丘削平の埋没古墳
ゴシック体が安養寺古墳群

近江					
	墳形	古墳名	標高	比高	備考
３世紀の首長墳	前方後方墳	古冨波山古墳	93m	０ｍ	
４世紀の首長墳	前方後円墳	膳所茶臼山古墳	155m	60m？	
		北谷11号墳	143m	45m	
		雪野山古墳	309m	17m	
		安土瓢箪山古墳	-	17m	
５世紀の首長墳	前方後円墳	荒神山古墳	277m	192m	図８左
		長浜茶臼山古墳	不明	不明	
		垣籠古墳	127m	０ｍ	
	円墳	甲塚古墳	205m	110m	
	帆立貝式古墳	**椿山古墳**	115m	６ｍ	図３－１
		地山古墳	112m	６ｍ	
		大塚越古墳	106m	０ｍ	
		野洲大塚山古墳	107m	０ｍ	
		久保田山古墳	-	０ｍ	
		供養塚古墳	-	０ｍ	
	円墳	**下味古墳**	126m	26m	
		新開古墳	128m		
		佐世川古墳	130m	14m	
６世紀の首長墳	前方後円墳	山津照神社古墳	122m	19m	
		鴨稲荷山古墳	94m	０ｍ	
		塚の越古墳	92m	０ｍ	
		林の腰古墳	-	０ｍ	

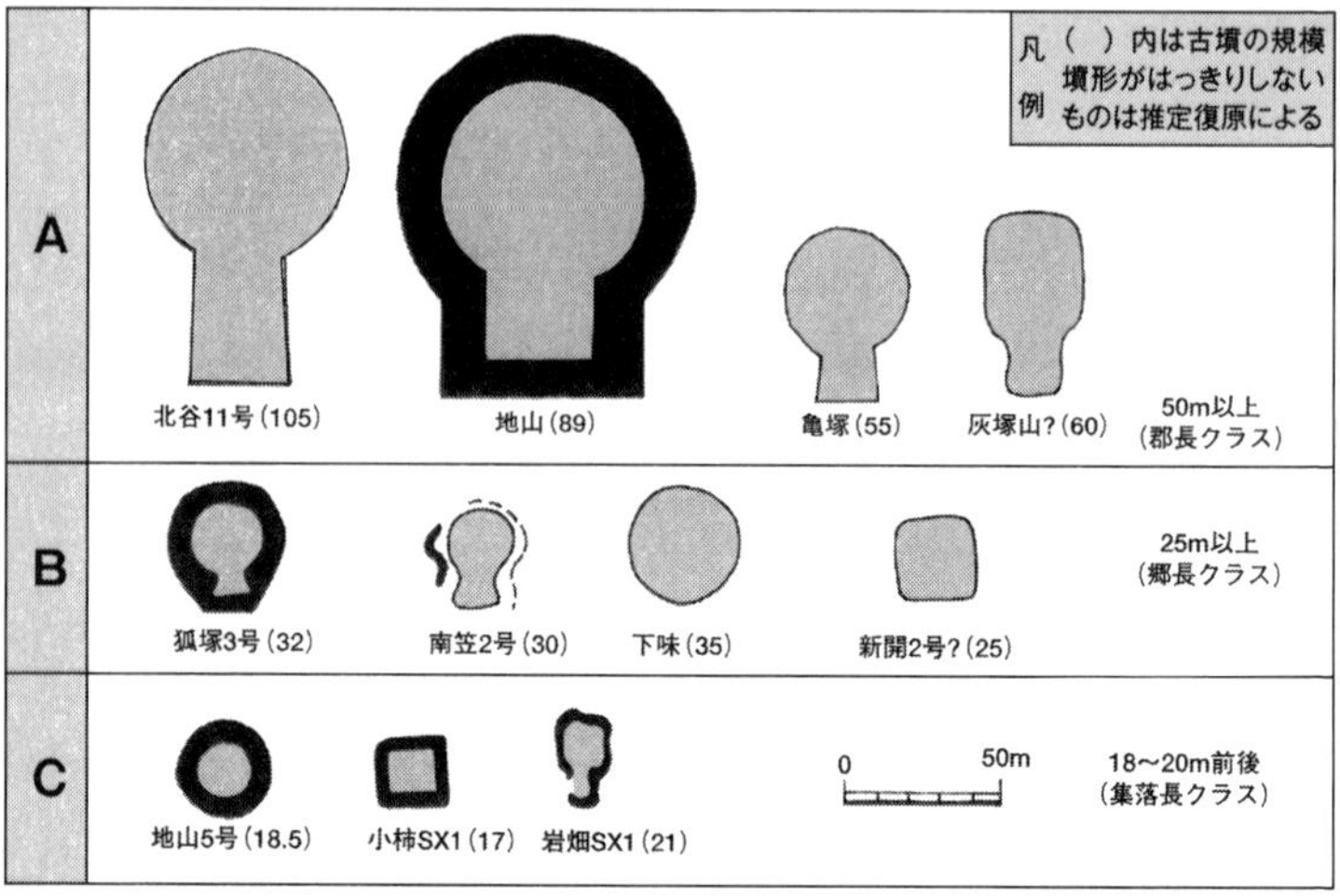

図2　栗東の古墳の階層性

だと言われたら今は答えが用意できません。

この時期の後に五世紀代、今日の椿山古墳の時代になりますけど、ここで近江には二パターンが出てまいります。この辺を注意していただきたいのですが、彦根市の荒《こう》神山《じんやま》古墳、発見されたのが比較的新しい古墳ですけど、海抜二七七mの墳丘トップは周りの地形からすると一九二mも高い。先ほどの雪野山古墳が二〇〇mといったのと同じようにですね、はるか山の上、もうほとんど山のてっぺんにあるとしか言えない古墳が五世紀になってもあります。

同じように細かい数字までは割り出しておりませんが、長浜市にある茶臼山《ちゃうすやま》古墳も山の上です。ただし、その系譜上の五世紀後半の垣籠《かいごめ》古墳というのは周りから全然高まっていない、周りの地表の高さと同じくらいの一二七mで、これは低い方の部類に明らかに属します。今のは前方後円墳でしたが、円墳でありますす米原市の甲塚古墳《かぶとづか》、これも私の若いころ京大の皆さんと調査、測量した古墳ですが、比高一一〇mの山の上で遠くから見渡せばポコッとなっているところに築かれました。

それに対して栗太郡の帆立貝式古墳の椿山、あるいは地山《じやま》、大塚越《おおつかごし》といったものを見ると、みんな周りの地形から墳丘の高さ分しか盛りあがっていないようなもので、海抜はそれぞれ一〇〇m、琵琶湖が八〇m前後の水面ということからすれば、琵琶湖の東側の平野部ではほとんど高いところがないようなところに、ぽこんぽこんぽこんとまわりから見ると古墳がそのまま山のようにはっきり見えるわけであります。つまり先ほど見た北の方の彦根から長浜にかけての湖北の中期古墳が、山のてっぺんに前期古墳と同じように造られているのに対して、このあたりの古墳は低いところにあるのです。

前期にはそういうものがなかったわけですから、中期になって新しい古墳の意識がそこに反映されたとみることができます。つまり、平地に大きく山を築いて濠をめぐらして、見せることを意識した古墳の登場ということになります。隣の野洲の大塚山、あるいは東近江市の久保田山《くぼたやま》などのその前後の古墳たちもみんな低いところに、地域の有力な古墳として造られています。どうもこのあたりから南の地域と湖北の地域は大きく顔つきが変わっているなということが読み取れそうです。

一方この安養寺古墳群の中でも、中位の首長と呼ばれる一番の権力者の下に仕えた人たちの古墳は、海抜にしてもやや高く、比高は下味《したみ》古墳で二六m、佐世川古墳で一四mです。一五mや二〇m上であれば、まあ行ってみようかなと思いますけど、平地で造られている古墳ともだいぶイメージが違います。丘の上の高いところにちょっと山を削って、出てきた土を盛り上げたりして簡単に造っているような古墳という理解ができます。つまり椿山や地山、大塚越などは、築造するエネルギーが、山の上を切り土、盛り土して造るのと比べれば、大きく異なります。造成の手間もかけて造られているということがわかっていただけると思います。

続いて六世紀のことも触れておきますが、山の上に戻ることなく、低いところに中期古墳の延長でつくられます。米原《まいばら》市にある山津照神社《やまつてるじんじゃ》古墳という湖北の重要古墳も、そんな高い山の上を選んでいませんし、湖西の高島市にある鴨稲荷山《かもいなりやま》古墳という継体《けいたい》大王との関係が非常に取りざたされる古墳も、周りから見ればまったく平らで、横に車をつけられるような道路沿いにあります。これらは明らかにそこを通る、あるいはそこを経由するいろんなものに見せることを意識した古墳時代の中期以降に始まる姿であるということがわかると思います。

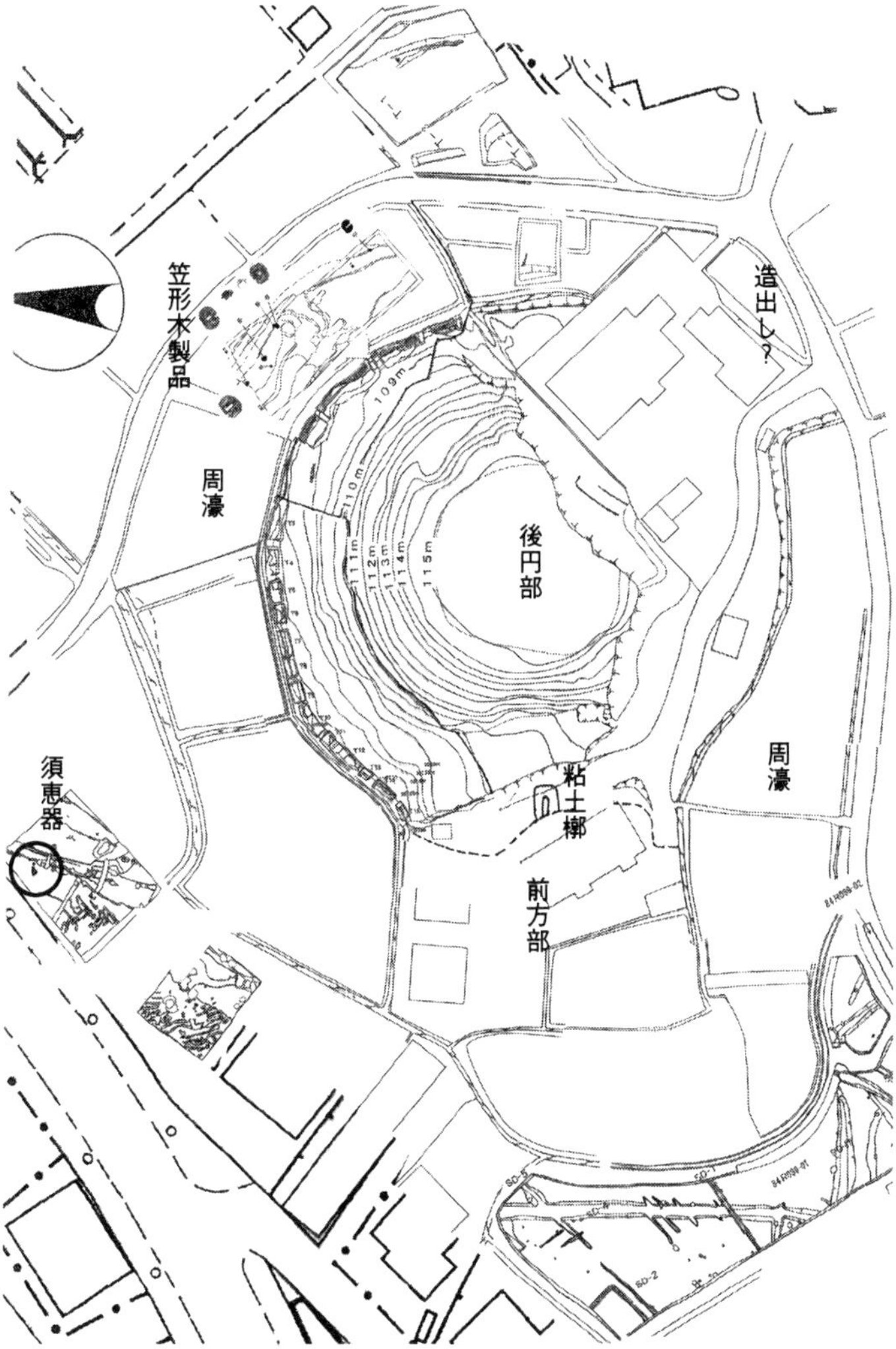

図3－1　椿山古墳と仲間たち　滋賀・椿山古墳

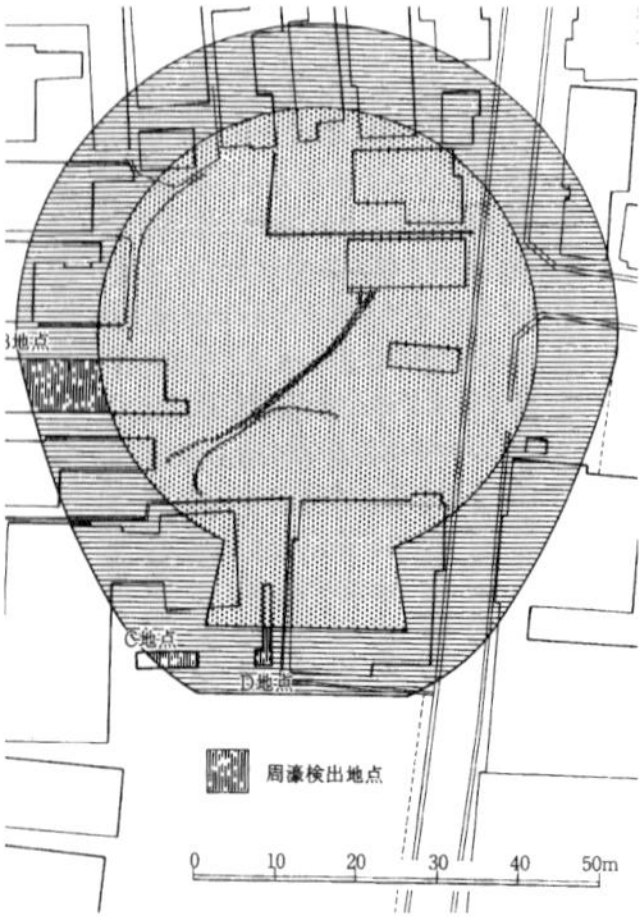

図３−３　椿山古墳と仲間たち
福井・泰遠寺山古墳

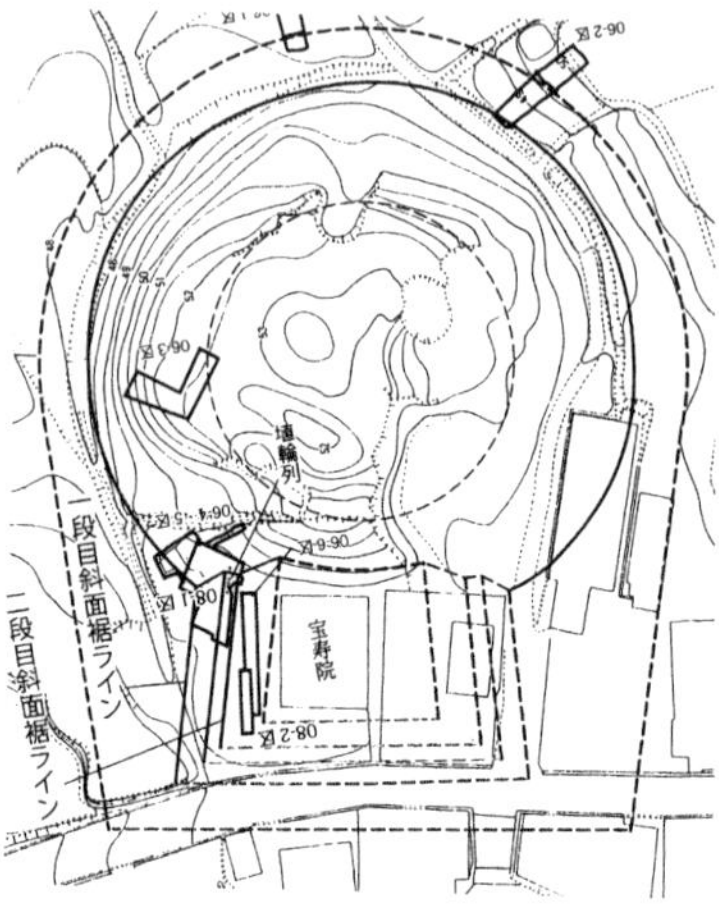

図３−２　椿山古墳と仲間たち
京都・王塚古墳

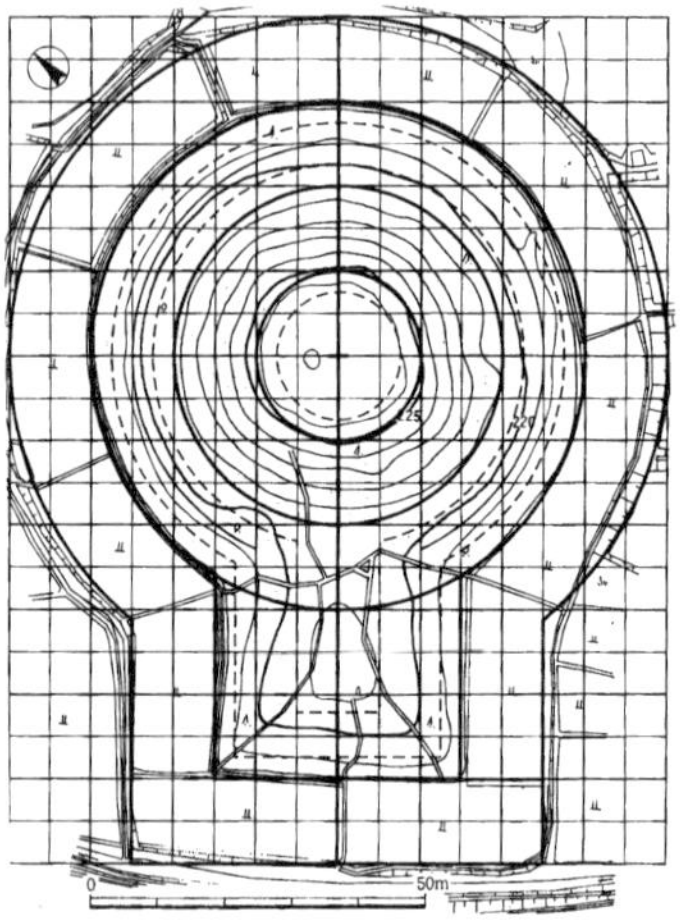

図３−４　椿山古墳と仲間たち　三重・女良塚古墳

この辺を図面で確認したいと思います。まず図3をみますと、ここには、当時最大級の帆立貝式古墳を載せてみました。椿山古墳は全長九九ｍとされていますけど、それとほぼ同じ大きさのものが図3－4の三重県の女良塚《じょろうづか》古墳です。ぴったり重なるかは試していませんけど、この女良塚古墳は一〇〇ｍの帆立貝式古墳とされています。五世紀の前半から中ごろと同じ時期だろうと思います。それより少し前かもしれませんが、京都府八幡《やわた》市にある王塚《おうづか》古墳というものがつくられています。八十数ｍの帆立貝式古墳です。少し離れて、あとからも出てきますが、福井県の永平寺《えいへいじ》町に泰遠寺山《たいおんじやま》古墳があります。こういう古墳がそれぞれの地域で、五世紀前半から中ごろのある時期にだけ、ポツッと出るのですね。その前後は前方後円墳であったり、円墳であったりして、ずっとこれが続くというのは、むしろこの地域のひとつの特色になっているかと思います。

他の所では、先ほど一瀬先生の話にも出てきた乙女山《おとめやま》古墳が、奈良県馬見《うまみ》古墳群の大型前方後円墳のあとに現れます。そういう出方をするのはほかの地域でも指摘できるものです。図1に安養寺古墳群の山の方、あるいは平地古墳を示そうとした地図があります。地山古墳や椿山などの中期帆立貝式古墳は、周りが田んぼであるような低いところにあります。古い時期には山の上に連綿と作られていたのがここに降りてくるという大きな変化があったことをお伝えしました。

地山古墳は、五世紀代前半から中ごろの大きな古墳ですけど、その下に低いクラスの新開古墳などがあります。以上のことを少し意識した話をこれからしようと思います。

福井県の古墳の場合

他の地域との関係を見ようということで、昔から私がフィールドとしている福井県の地域をみてみましょう。これは近江の、あるいはこの地域の個性を相対化しようとする試みです。まずは越前。越前というのは福井県の北半分の大きい方ですね。前期古墳で様相がわかっているのは、ここに書いてあるように今北山《こんぼくやま》古墳が古い時代につくられます（図4-2）。メガネのフレームで有名な鯖江《さばえ》市にあります。見ておわかりのように、山の尾根を埋めつくすように小さい古墳がつくられていく前史があって、その前史のあとにここにボカーンと出てくるのです。全長七〇mの四世紀代の中ごろの前方後円墳ですが、湖北の長浜市にある古保利《こほり》古墳群（図4-1）も同じようなあり方をしているのがわかると思います。丘陵のトップにズラズラズラッと、弥生時代の終わりくらいから古墳がつくられていく中で、大きな古墳がドカンと一番上にできあがる。どうも福井県の越前には、長浜から虎姫の方の湖北と同じような古墳の築造のクセがあるというのがわかります。それはイコール

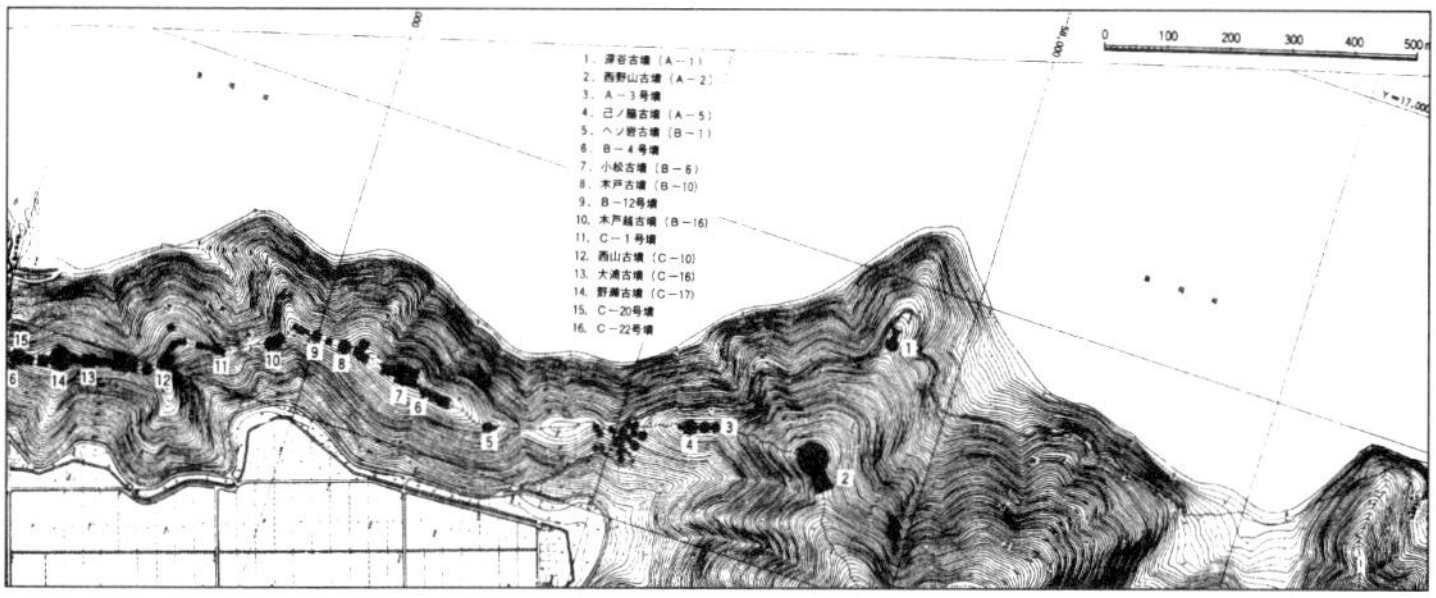

図4－1　湖北　古保利古墳群・西野山古墳周辺

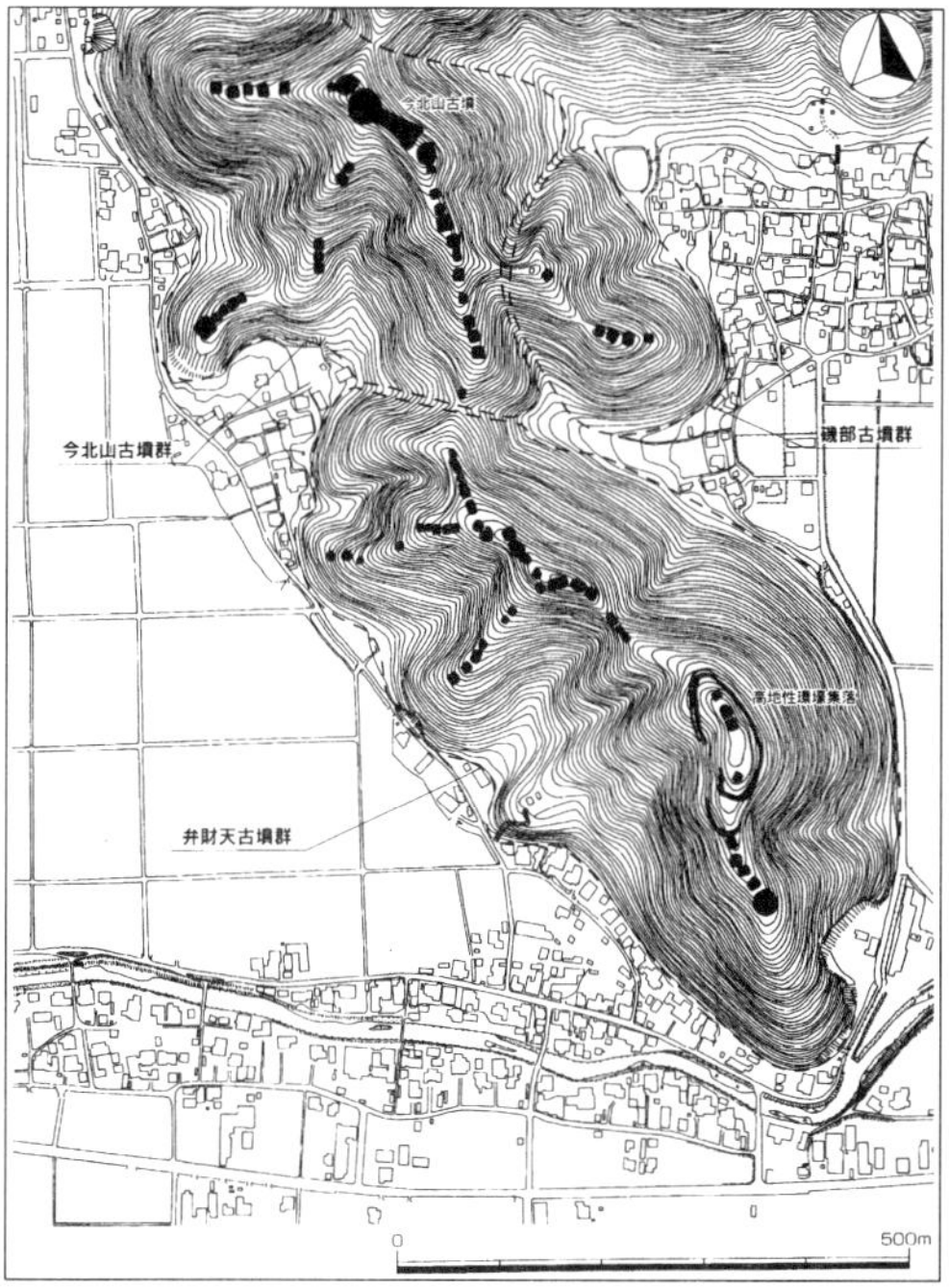

図4－2　越前　今北山古墳・弁財天古墳群

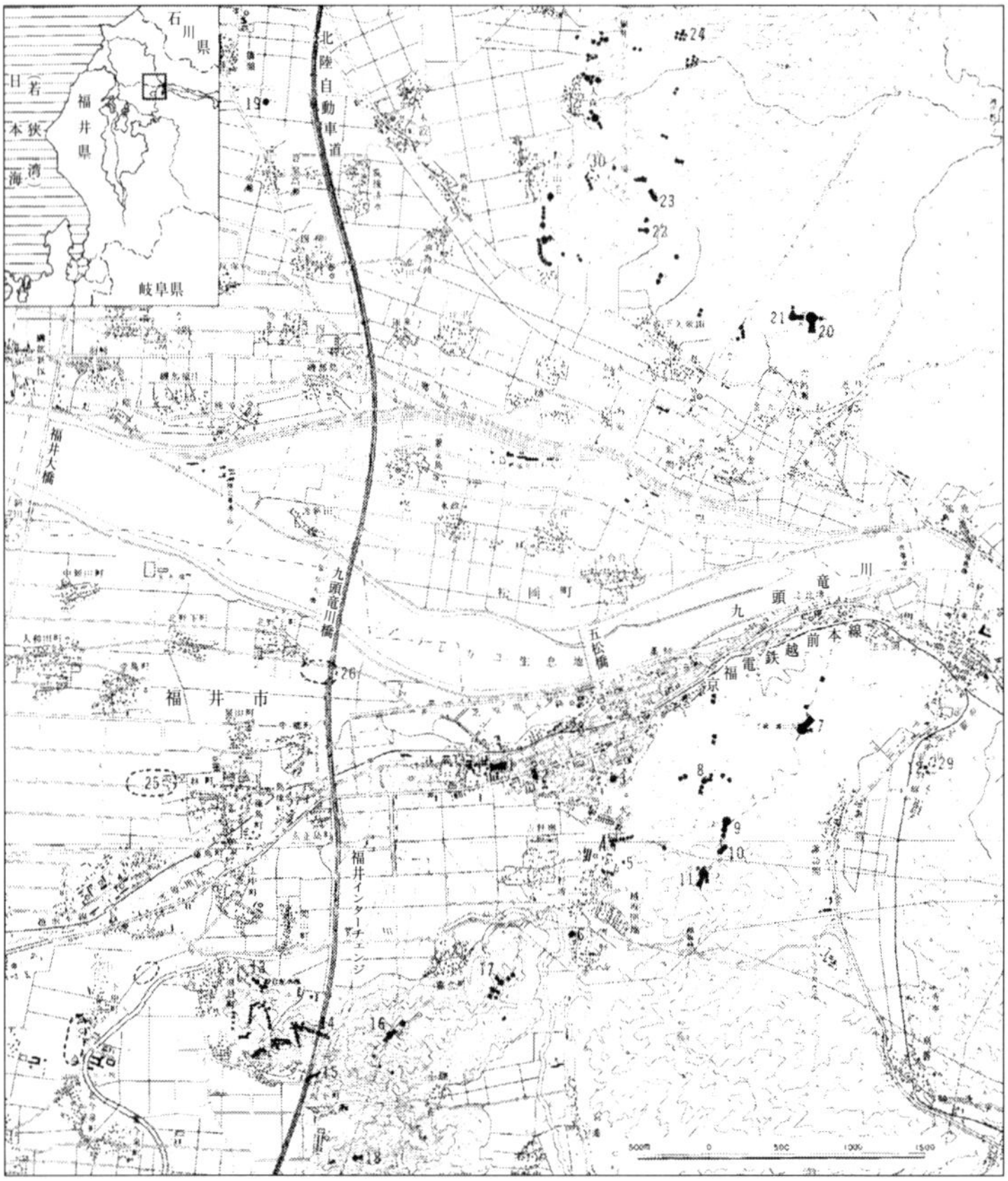

図5－1　越前の首長墳の立地

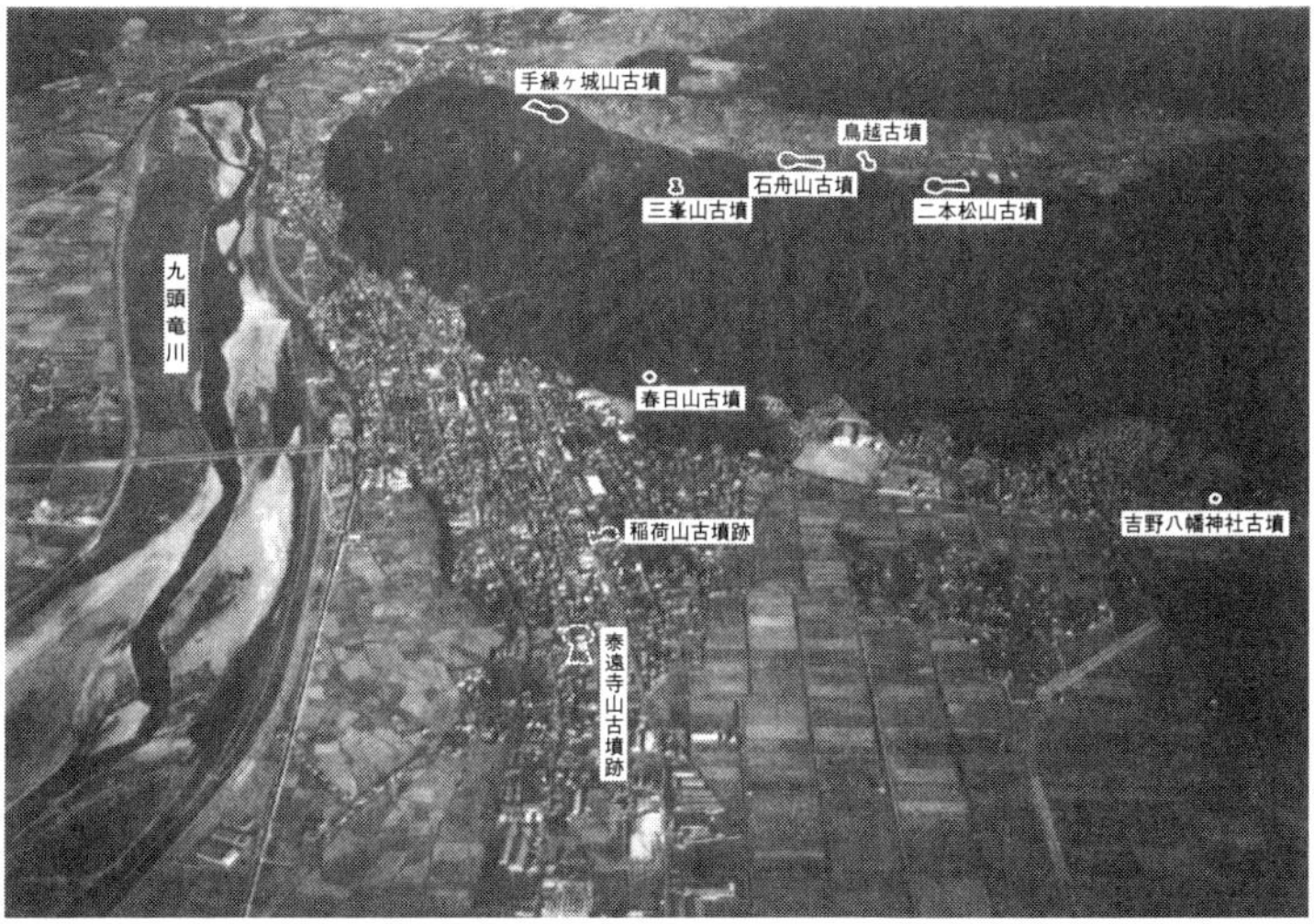

図5－2　越前の首長墳の立地

山の上に地域の最大の権力者の墓をつくるということです。今のものが福井の越前の四世紀の例です。

それが五世紀になるとどうなるかというと、表1の六呂瀬山《ろくろせやま》あるいは鳥越山《とりごえやま》、二本《にほん》松山《まつやま》をみてください。みんな墳丘の最高点で表現していますが、一九五mや二〇〇m以上といった、ものすごく高いところに地域最大級の墓がつくられています。図5に見るように、南側の大きな山々の上に手繰《てぐり》ケ城山《がじょうやま》、あるいは二本松山、鳥越山、石《いし》舟山《ふねやま》という前方後円墳があります。この対岸に六呂瀬山があります。九頭竜《くずりゅう》川が潤《うるお》している平野部から一〇〇m、一五〇mと高いところに古墳時代の中期、今の椿山古墳の時代の王様の墓が造られているという

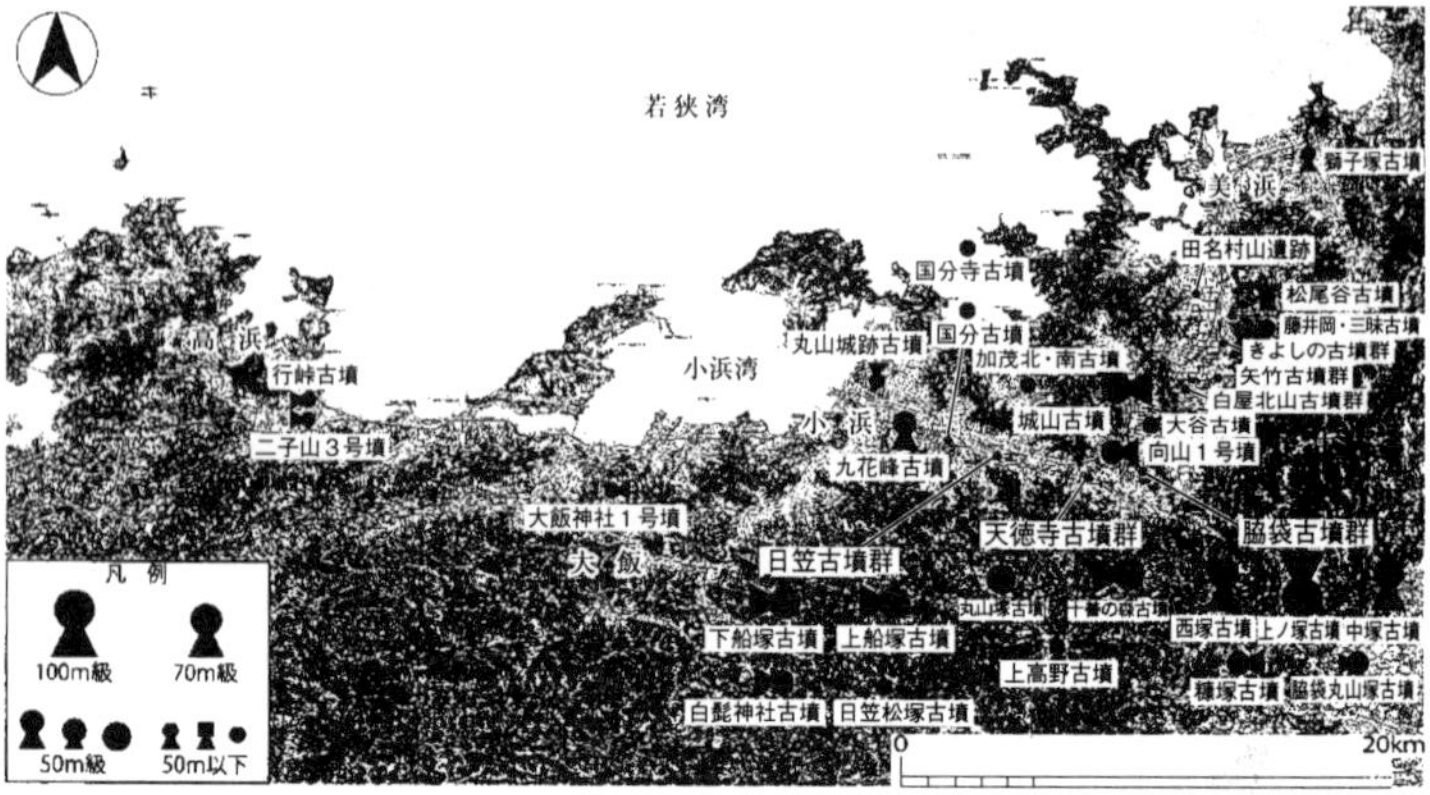

図6　若狭の主要古墳

状況です。

大阪やその周辺の地域が、平地に大きな王墓を作るという共通の動きを示しているにもかかわらず、越前というのは湖北と同じ山の上にこだわる古墳の築造を続けています。ただ唯一、帆立貝式の泰遠寺山古墳だけは、海抜最高位が二五mしかない低いところにできています。帆立貝式古墳だけが、地域のルールとは別に当時の王権のスタイルを実現しているのは注目されます。これが越前の様相でした。

一方、同じ福井県でも若狭の古墳をみましょう（表1）。四世紀代の古墳はご覧のように前方後方墳、前方後円墳いずれも比高が六〇mや一二〇mというようにやっぱり山の上です。ほとんど麓からは見えません。三〇〇mぐらい離れたところから、あの山のてっぺんだと言われるようなところ

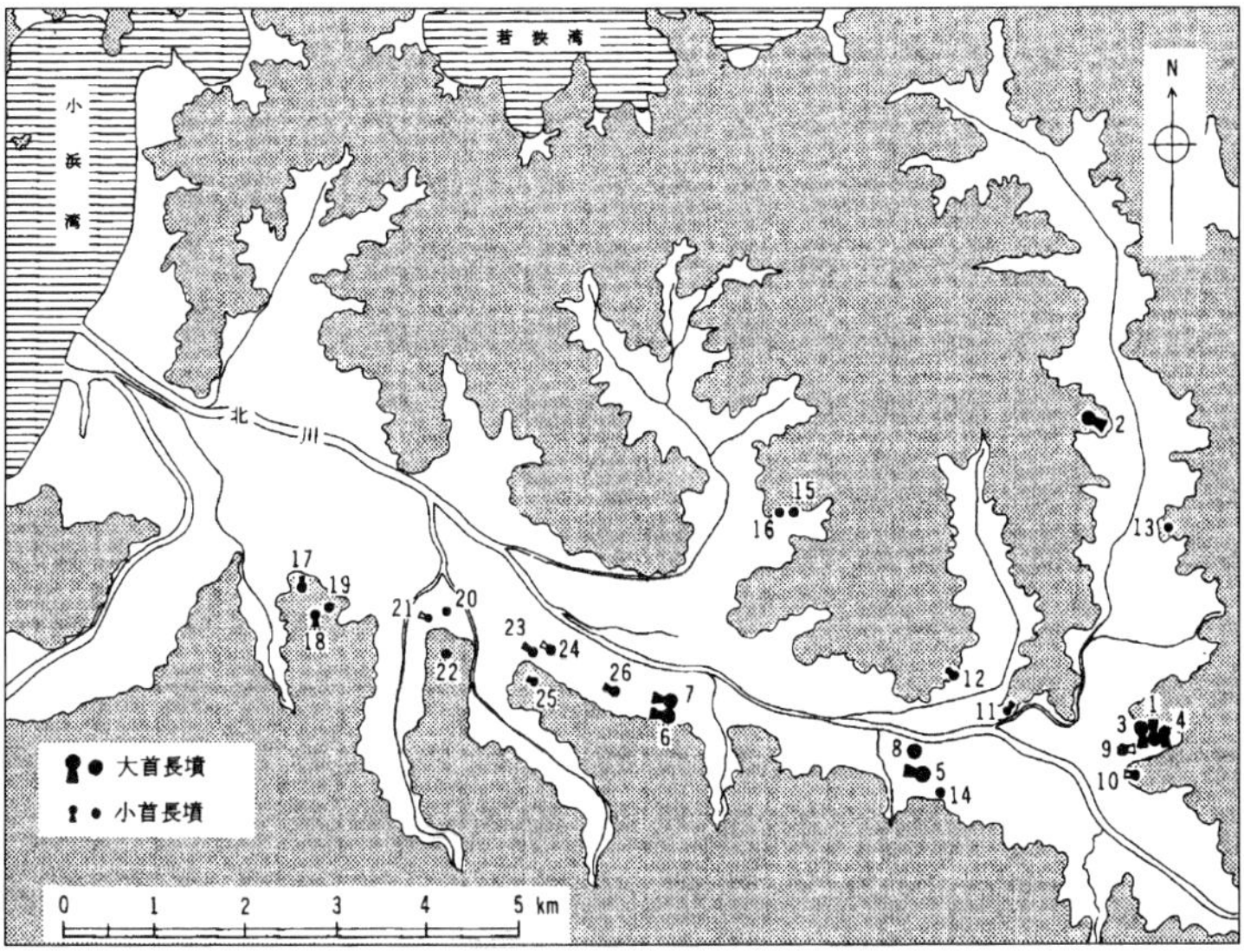

図7　若狭北川流域の首長墳の分布

に造られるのですね。それが五世紀になるとどうでしょう。図6と7を見てください。整備に向けた調査が始まろうとしている西塚《にしづか》古墳をはじめとして、いずれも墳丘が高さ部分だけ、ポコッと盛り上がるような平坦《へいたん》な場所につくられています。図7の右端が脇袋《わきぶくろ》古墳群で、上ノ塚《じょうのづか》、西塚《にしづか》、中塚《なかつか》などとみんな低い部分に造られています。一方、最初に言ったように、前期古墳の九花《きゅうか》峰《ほう》古墳などは山のトップに造られている。

これはむしろ、大阪を中心とした五世紀代の中央大和政権の真似《まね》をした、あるいは指示に従った行為と思われます。そうした地域では越前地域と違って、椿山古墳の時代になると古墳が低い場所に降りてきて、見せることを意識した相当な労働量を必要とする古墳造りを続けるのです。つまり古墳時代の中期に降りてくる、来ないというのは王権との近しさを反映しているのではないかと思われるのです。むしろ山の上にこだわり続ける越前や近江北部の地域は、ある程度距離を置いて大和政権と向き合っていた勢力がいたことを示すのではないかと思っています。

その関係で注意したいのが、彦根の荒神山古墳と越前の六呂瀬山3号墳の埴輪《はにわ》で、図8を見てください。スケールを落としていないので正確な話はできませんが、一瀬先生の図(図9)を横に置いてみていただくと、近江北部の荒神山古墳、越前の六呂瀬山3号墳の円筒埴輪は一段目がとても高いことがわかります。前者は二三cmの高さを持っています。

これに対して古市古墳群の円筒埴輪が五世紀の初め

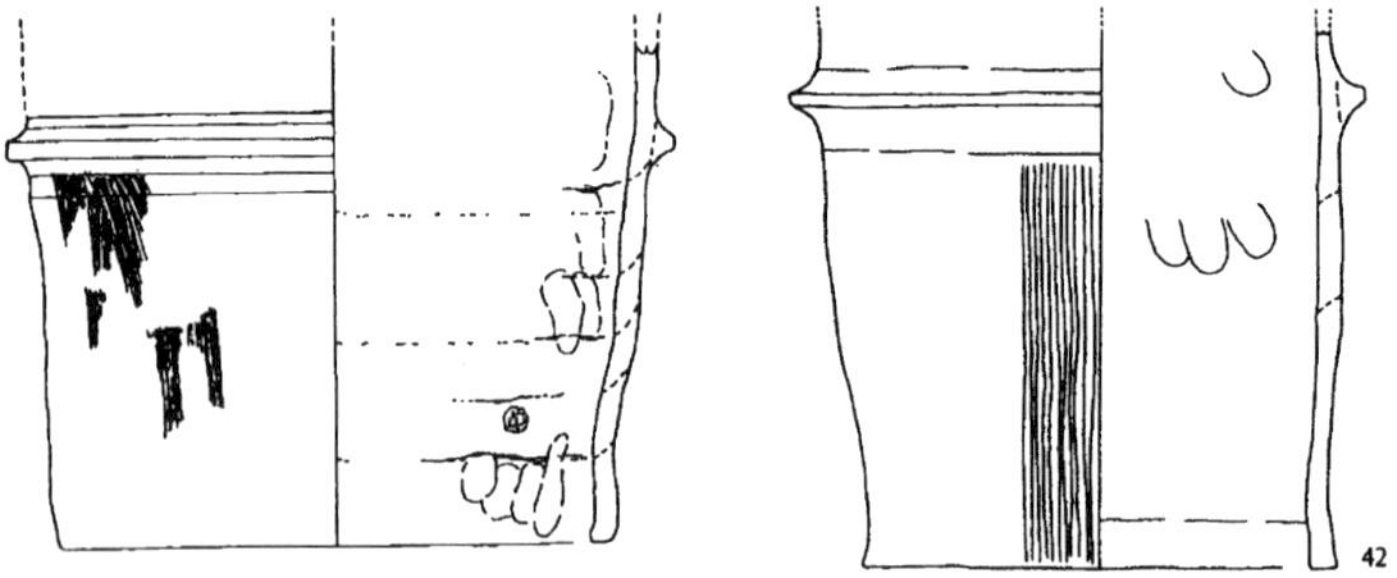

荒神山古墳(彦根市)　六呂瀬山3号墳(坂井市)

図8　近江北部と越前の埴輪

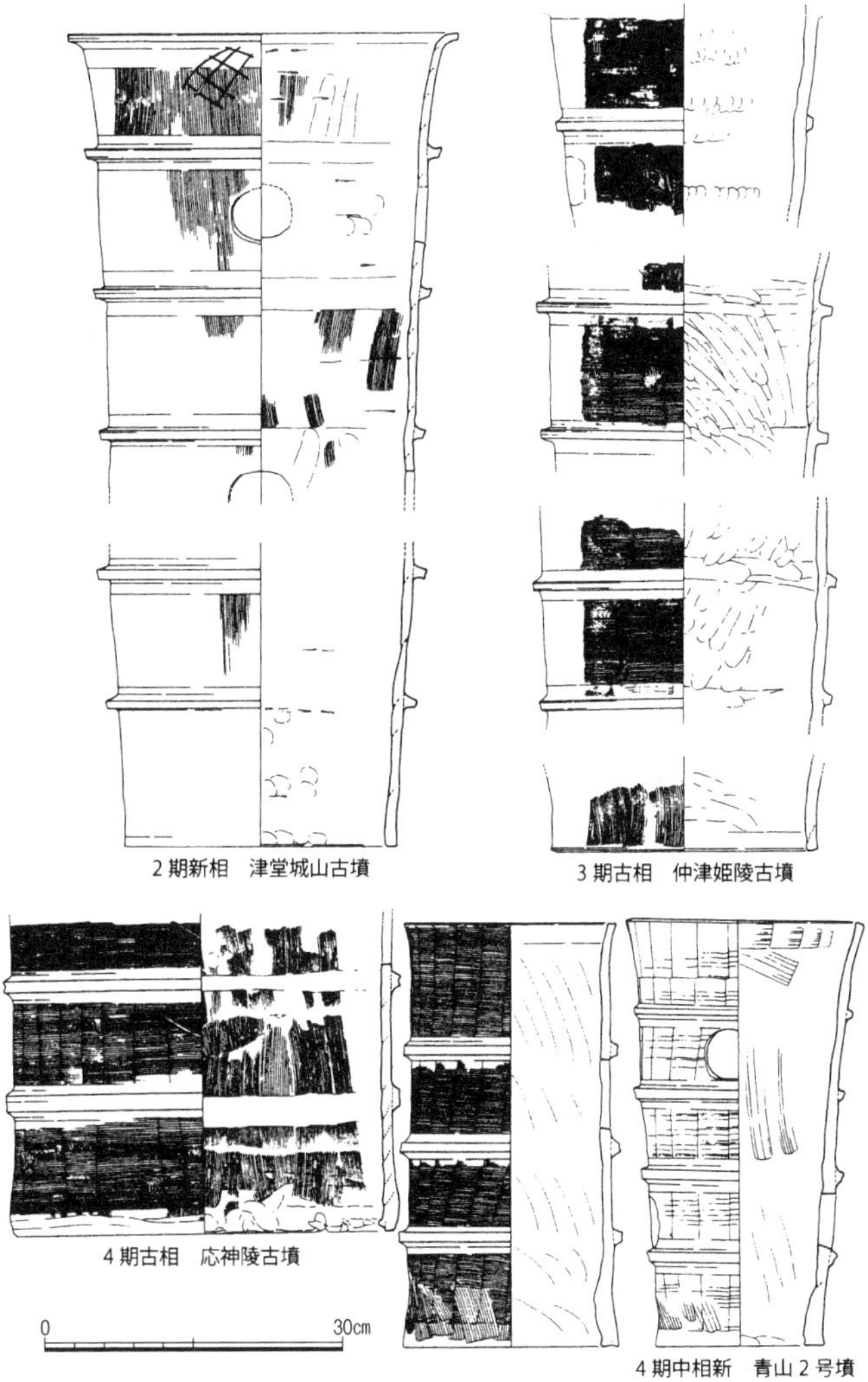
2期新相　津堂城山古墳
3期古相　仲津姫陵古墳
4期古相　応神陵古墳
0
30cm
4期中相新　青山2号墳

図9　古市古墳群の埴輪

から中ごろにかけてのもので、比率からわかるように、低いです。どちらかというと、この時代の大和政権と結びついた地域の埴輪は大阪の古市古墳群の円筒埴輪の高さをよく守っています。近江北部や越前の腰高の一段目を持つ埴輪は、それにはまったくみしない、ひとつの自分の規格を貫いているのです。近江北部と越前とで山の上の同様な立地を見せ、埴輪が同じような高さでつくられているのをみると、木の芽峠を挟んだ向こうとこっちといってもいいかもしれませんが、両地域の結びつきがかなり強いことが反映されていると思われます。

つまり、近江の栗太郡にある椿山古墳は近江北部には規制をかけられない、おさえられないくらいの力しかない。怒られるかもしれませんが、そういうふうに思います。

帆立貝式古墳について

次に帆立貝式古墳という形を考えてみます。帆立貝式古墳はご存じの方もいるかもしれません。前方後円墳を造りたいし、前方部がどんどんどんどん発達する天皇陵クラスの動きのなかで、前方部が短くて低いというのは恥ずかしい。感覚的にですが、そういうふうに思われることから、冷遇されている証拠だとみる研究史がかつてありました。大きなものを造りたいけれど、お前らにはそれは許さん、と王権が規制をかけたというのです。

しかし、それはおかしいだろうという話です。どういうことかと言いますと、安養寺のこの地域は大塚越、地山、椿山と三代続いて前方部の短い古墳が造られます。それは前方部を規制されたのではないならば、どう考えればいいのか。

古市古墳群の中の代表的な帆立貝式の古墳に盾塚《たてづか》古墳（図10）というのがございます。写真1に盾塚古墳後円部と椿山古墳前方部の出土状況の写真を載せてあります。

見ていただければわかると思いますけど、甲《よろい》があってたくさんの刀剣類が棺の中を埋めつくすように出ている様子はまったく同じです。果たしてこの向こうに人が埋まっていた空間があるのかどうかも怪しいぐらいです。もちろんこの一本一本が個人のものであるわけがない。その集団、あるいはその政権経営に対して与えられたものの一部でしょうが、こんなようなものを持てる古墳が規制された古墳であるはずがありません。むしろその立場を一つ示すような意味で、この墳形を共通して与えられたとみなすべきだと思います。

つまり被葬者は、軍事を任されるような直系配下の重要な重臣といったような人物と思われます。盾塚古墳という応神陵古墳の近くにあるような帆立貝式古墳と同じだけの仕事上の重要性が評価されて、椿山古墳はこの地域でその形を再現したというふうに見なすわけです。それが証拠に応神陵古墳のものと近しいクラスの木製の埴輪を所有することができ

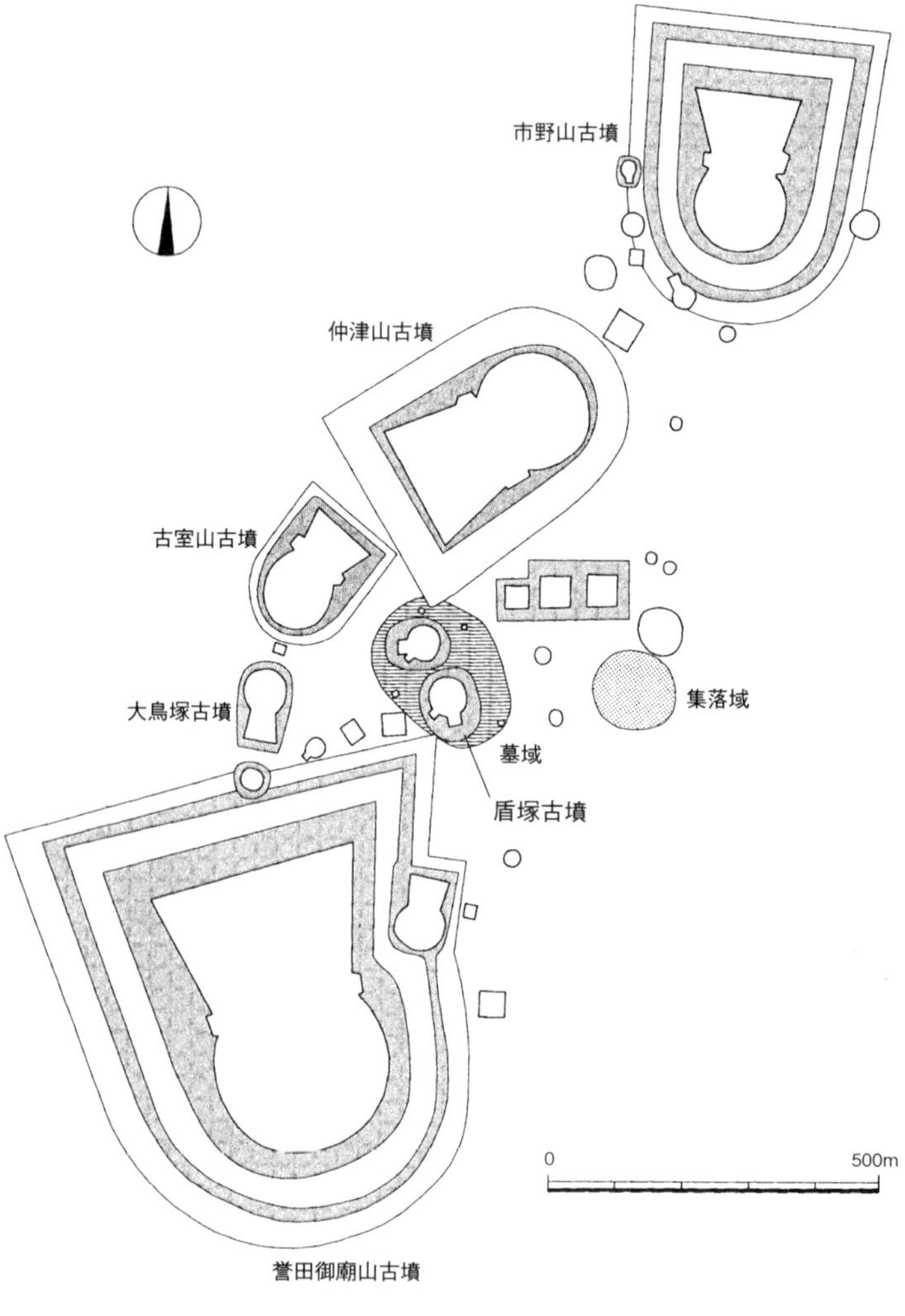

図10　古市古墳群と帆立貝式古墳

椿山古墳

盾塚古墳

写真1　栗東と王陵域の武器武具副葬の類似

きたのです。それだけの主従関係が両者の間にあった、王権と地方の間にできていたということを示すものととらえたいわけです。

その重要性はいったいどういう裏打ちがあってのことだろうか。それを考える上で重要なのが安養寺古墳群の階層的な内容です。ここまで地域の中であまり注意されていない、新開《しんがい》古墳を含む山の中腹の中期古墳の特色を見ましょう。図11にはかつて科学研究費でその時代の代表的な渡来品、船載品を集め図にしたものですが、その中に新開古墳の10から13というこの辺の製品が入っています。つまり全国的な視点で見ても、新開古墳が持っている豪華な金銅製や金メッキされた精巧な馬具や甲などは貴重なものなのです。ほかの並々ならぬ超重要古墳と同じだけのものを持っているのですね。これは新開古墳の被葬者が対外交渉上非常に長《た》けていたことを示しています。立地を考えると、琵琶湖を通って若狭経由で日本海に到着して、そこから中国朝鮮半島と外交を繰り広げたとすぐ言いたくなるわけですけど、果たして椿山古墳の被葬者自身も、そういう対外交渉を得意とする人物であったかはやや疑問で、違うのではないかなと思っています。

この証拠が図12にある若狭の状況です。ここでも安養寺古墳の分析と同じように、若狭地域の重要な古墳を上に並べて、その下にそれよりも小さめの古墳で近くに存在するものを置いています。これらの古墳の中で、たとえば五世紀初めの若狭でもっとも有名な、上

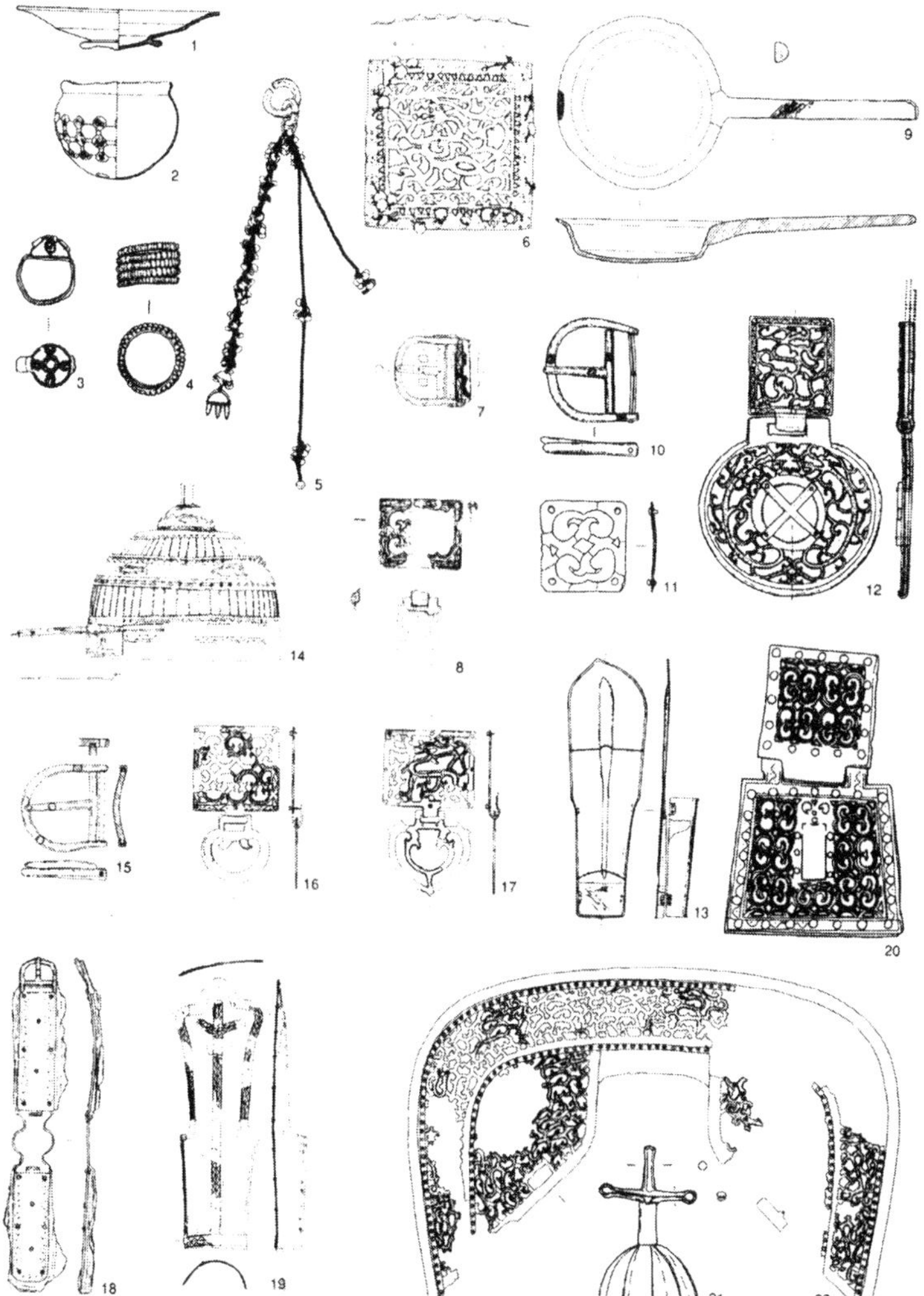

図11　中期前半古墳の渡来系副葬品

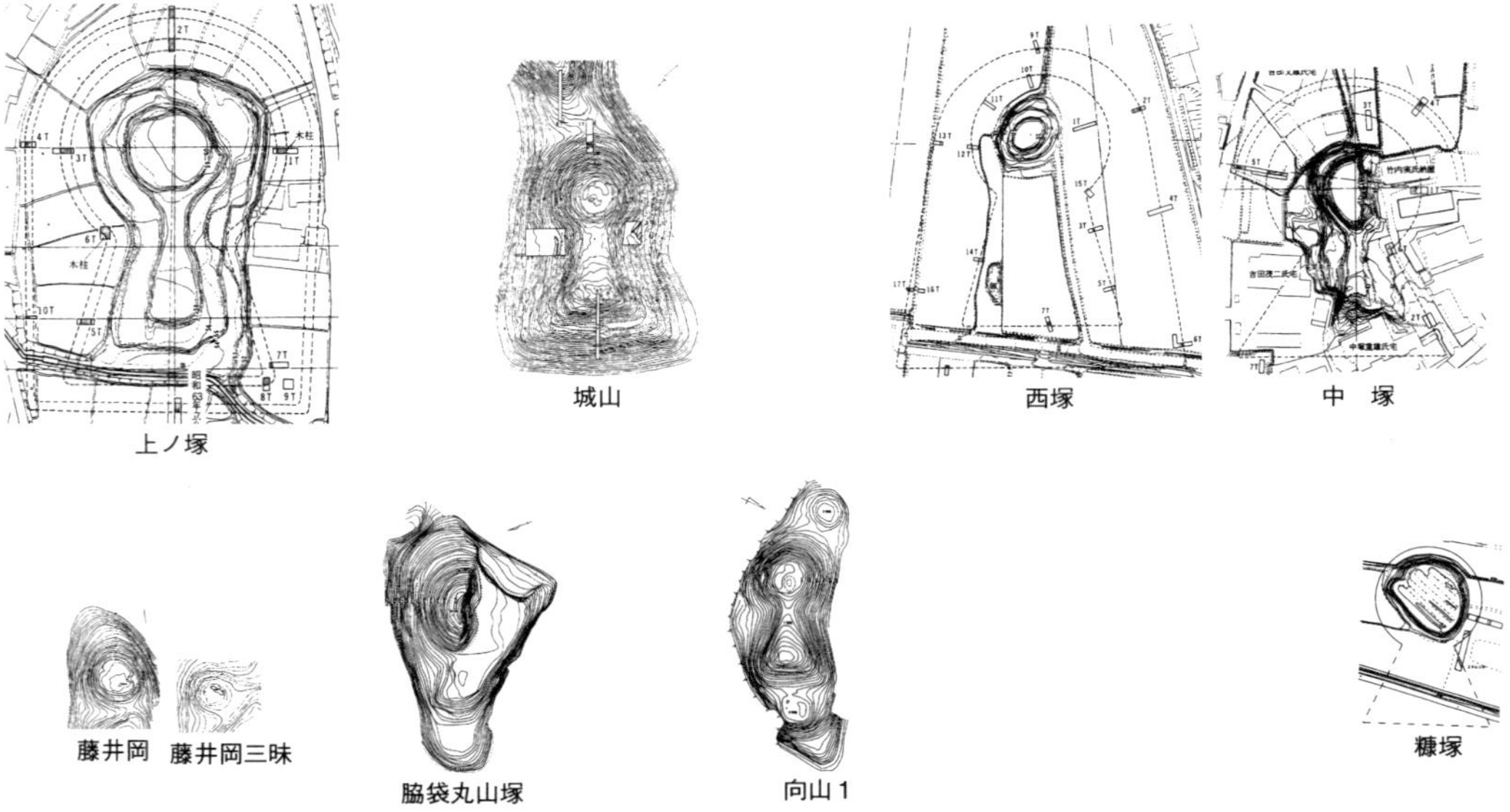

図12　若狭の主要古墳の階層性

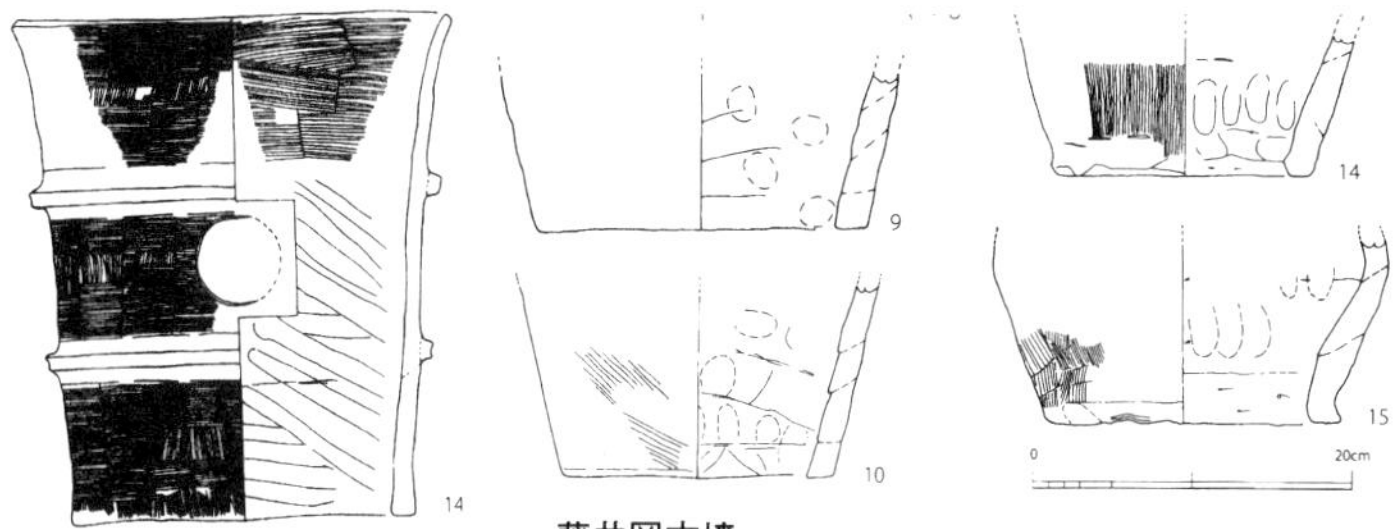

向山１号墳　藤井岡古墳

図13　若狭の中規模古墳の埴輪

ノ塚古墳という全長一〇〇mのはじめて平地に造られた畿内的な特色の前方後円墳の下に藤《ふじ》井《い》岡《おか》古墳があります。そこでは壺《つぼ》のような埴輪が出ています（図13）。非常に王権的な色彩の強い親分の下なのですが、その下にいる人は、実際に自律的に動けていたのです。被葬者は、おそらく東日本の壺形の埴輪を作っている人たちと付き合いが深い人だ

写真２　向山１号墳の副葬品

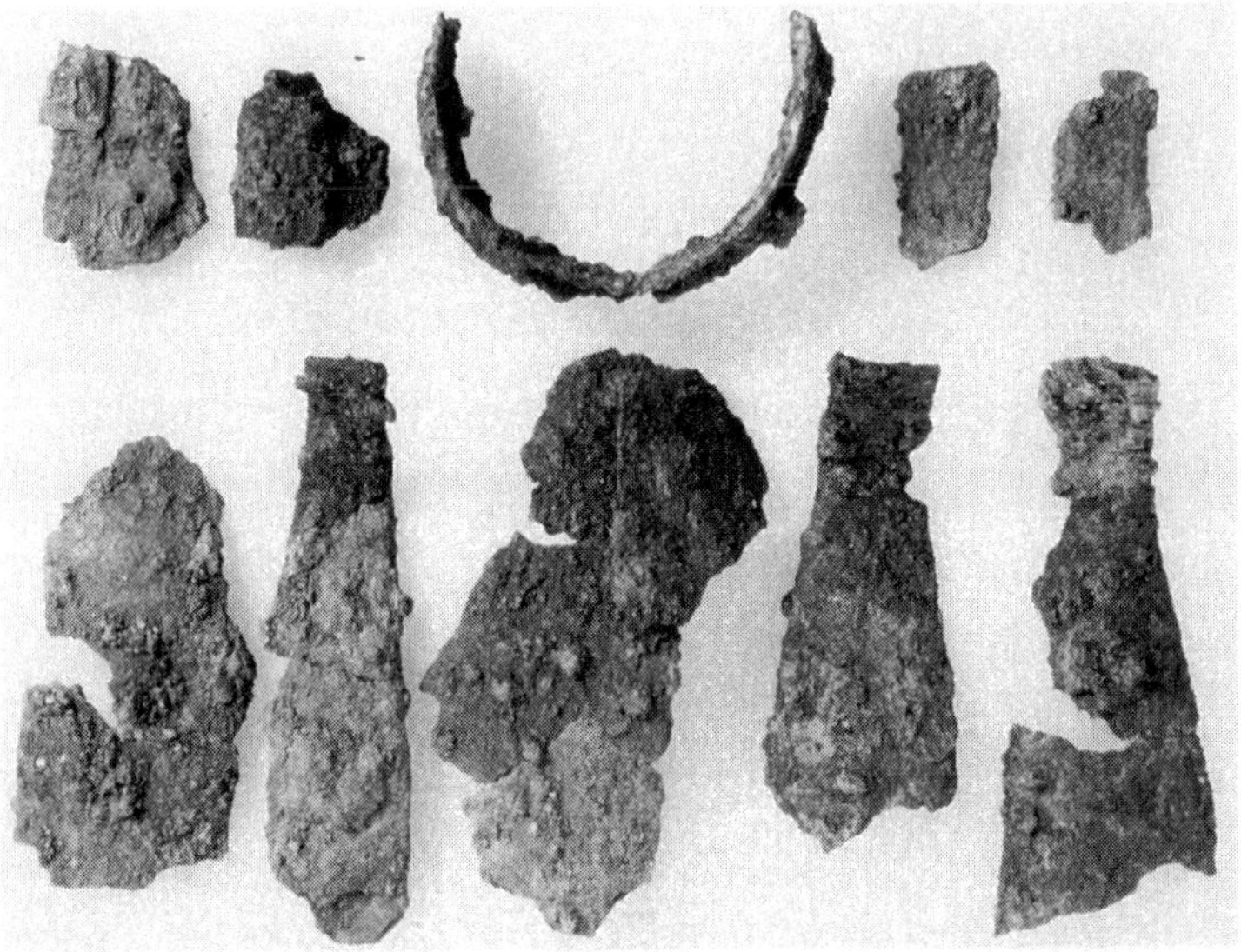

写真3　京都府八幡大塚古墳出土鉄製冑

ということを示していると考えます。また五世紀の中ごろから後半にかけて、この大きな古墳の下位に位置付けられる向山《むかいやま》1号墳からは、金製耳飾りをはじめとする副葬品として立派なものが大量に出ていますが（写真2）、ここで使われた埴輪は東海地方の特色を持った埴輪でした（図13左）。

どういうことを言っているかというと、平地につくられた大きな古墳はその地域の重要性を示すものですが、その下の階層が実際はその地域の姿を体現しているのです。彼らこそ対外交渉を行ったり、軍事を任されている人であって、この重要なと

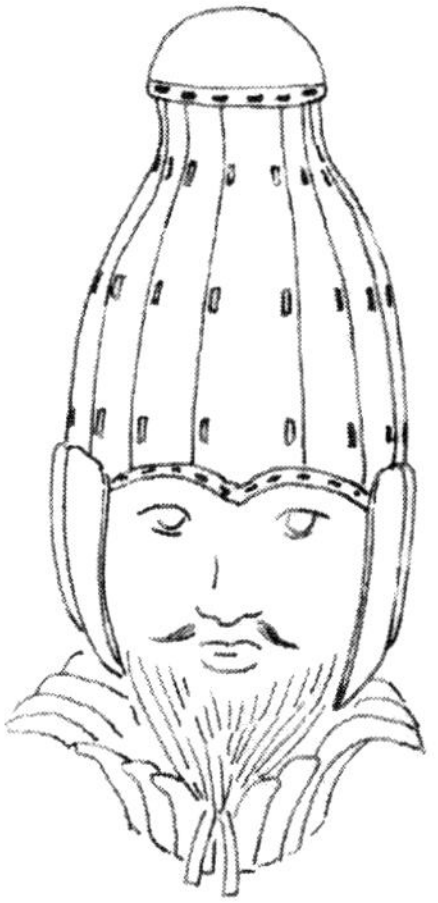

図14　朝鮮半島の鉄製冑

ころに打ち込むように、大きな前方後円墳が王権主導で築造されたのが実態だったと思われます。すなわち、安養寺古墳群の椿山その他の首長墳を重要たらしめているのは、新開古墳のような対外交渉を実践して大きな交易権を持っている、滋賀の特色を生かした実働部隊なのです。それらの勢力を抱えていることを、椿山古墳の被葬者がアピールしたのかなと思います。だから椿山古墳だけを一生懸命取り上げても、この地域の実力や重要性は見えてこないと思うわけです。

帆立貝式古墳と対外交渉の関係は、写真3にもヒントが示されています。これを出土した古墳については特定ができていませんが、帆立貝式古墳の代表例で先にも紹介した京都府八幡市の王塚古墳の近くと推定されてきました。これは、このうちの変わった形をした鉄板を連ねた冑《かぶと》の破片で、日本ではここしか出土した例がありません。似たようなものはここに示したように（図14）、朝鮮半島にだけあるものです。この輸入された朝鮮半島の武具を持っていた古墳がどこにあるのかわかりませんが、中規模の古墳であって、その親分が八幡王塚古墳という帆立貝式古墳として登場するのです。

新開古墳という対外交渉を上手にやることができる人の上に、椿山古墳というのがでてくるという図式と一緒です。そういう地域の一族を利用させてもらおうとする王権の動きが、帆立貝式という古墳の造営に読みとれるのではないか。だからこそ帆立貝式古墳がそんなに長いことずっと続くのも珍しくて、そこに特殊な社会的な政治的な要請があったのだろうと思われます。

この栗東から野洲にかけてのエリアの特性は、湖北あるいは越前などと結びつくのではなくて、むしろ若狭などを経由した半島との関係が広い意味で影響するような地域で、それは近藤さんが示されました、渡来系あるいは弥生からの伝統などと関連し、この地域を発展させる歴史的な特性を反映したものだと思われます。このように私は安養寺古墳群の特色を考えましたが、皆さんはいかがでしたでしょうか。

滋賀県栗東市安養寺景観まちづくり協議会里山部会について

安養寺景観まちづくり協議会会長　戸原和人

安養寺の地名は奈良時代にさかのぼり、東《とう》方瑠璃山《ほうるりざん》安養寺が開かれたことにより山の名や土地の名となりました。それ以前古代には、安養寺の山号、東方山の前の瑠璃山であったことが考えられます。

瑠璃山という山号は、古墳時代の豪族の墓（古墳）から瑠璃（硝子《がらす》）製の装飾品や金銅《こんどう》製の馬具などが出土していることによると考えられます。

栗東市安養寺地区は市役所や郵便局、金融機関等が集まり、市街地の中心部であることから平成六年（一九九四）から「安養寺地区地区計画」によるまちづくりを開始しました。平成二二年（二〇一〇）には時代のニーズに合わせ、地区計画の見直しに着手、平成二三年住民や事業者が参画した「安養寺景観まちづくり検討委員会」を設置して、その進め方を検討しました。平成二四年には「安養寺景観まちづくり協議会」を設立しました。これを受けて東西南北の安養寺自治会では、地域内の各種団体や市民に呼びかけて、「安養寺郷山の会」を開催しました。平成二五年からは「安養寺のまちづくり」をめざし市民による活動部隊である「里山部会」を立ち上げ、年間を通じたワークショップ、学習会・研修会を行うようになりました。

平成二五年（二〇一三）の八月には、安養寺山の視察を行い、安養寺山観光道路の桜並木、紅葉並木での取り組みを考えるワークショップを行いました。秋には市役所の南にあるこんもりとした森（椿山古墳）の散策をして、一〇月の「いちょうまつり」では椿山古墳や地域の歴史を知ってもらうために市役所のロビーを会場にして「安養寺博物館」という展示会を行いました。この一年の活動がもとになって、平成二六年からは年間を通じて椿山古墳を中心とした学習会や研修会が行われるようになり、京都府で整備されている恵解山《いげのやま》古墳の視察、平成二八年には東近江市の「あかね古墳公園」の視察をしました。当地の「椿山古墳」でも平成二九年には愛知県からバス研修としてきれいに草刈りをした古

写真１　第１回椿山古墳デザインワークショップ

写真２　第２回椿山古墳デザインワークショップ

写真３　椿山古墳実践ワークショップ

墳を見ていただきました。

令和元年（二〇一九）に実施されたこのシンポジウムでは、「椿山古墳」の周濠から出土した「笠形木製品」をテーマとして遺跡の検討を行いました。ご講演いただいた一瀬先生には平成三〇年（二〇一八）に実施した第二回椿山学習会で、「椿山古墳を知ろう～最大級の笠形木製品出土の謎～」についてお話いただいています。また討論でコメントいただいた京都大学の阪口先生は平成二六年に椿山プロジェクトで「第一回椿山学習会」を実施したおり、昭和二七年調査の椿山古墳の遺物が京都大学にあり、前方部から甲が出土していることを、当時の日誌を用いて詳細に報

写真４　階段づくり

写真５　第１回椿山学習会

写真６　第２回椿山学習会

告いただきました。今回の討論でも二代前の大塚越古墳の出土資料が京都大学の総合博物館に収蔵され研究が進められていること、椿山古墳の出土遺物についても取り組んでいきたいと話されました。

　椿山古墳では、「里山部会」設立時に地域の有志で検討したとおり、毎年定期的に草刈りが行われ、一般市民や古墳横の幼稚園児の散策も気軽に行われるようになりました。

　教育委員会とともに実施している「栗東の遺跡（文化財）を活用しよう」事業では、地域住民や市内の小学生、歴史遺産を学ぶ大学生などとともに伐採の進んだ古墳の測量が続けられています。

写真７　いちょうまつり 椿山古墳エリア

写真８　いちょうまつり椿山古墳エリアでの野点

写真９　いちょうまつりで「笠形」パラソル出現

討論

椿山古墳をめぐって

パネリスト

京都橘大学　一瀬和夫

花園大学　高橋克壽

公益財団法人栗東市スポーツ協会　近藤　広

司会

栗東市教育委員会　雨森智美

公益財団法人栗東市スポーツ協会　佐伯英樹

報告と講演の補足

雨森　討論に入る前に先生方、補足の説明があるということで、まず、高橋先生よろしくお願いいいたします。

高橋　図1をご覧ください。ここに表した三基の古墳のうち狐塚《きつねづか》2号墳というのがあります。椿山古墳のわずか先、すぐ近くにあるやや時期の下る古墳かと言われている径一二mほどの小さな古墳なのですが、ここから出ている埴輪がものすごく大きく、直径では四〇から五〇cm、高さ一mくらいになるのでしょうか。

このサイズの円筒埴輪というのは、全国的にもこの五世紀の中頃には非常に珍しくて、図1右上に応神陵古墳こと、誉田御廟山《こんだごびょうやま》古墳の陪冢《ばいちょう》とみなされる栗塚《くりづか》古墳の大型の円筒埴輪を載せておきましたが、このサイズと言ってもおかしくないのです。一段一段の高さの割り付けまで、同じであるところも含めて、両者の埴輪作りにたずさわった人間が同じか、非常に情報や環境が近いもの同士だったとみて間違いないと思います。こういう点でも狐塚古墳群は当然椿山古墳の王に従属した人物の墓と思われますが、その人物にこれらの埴輪を許されているのは、河内古市・百舌鳥古墳群の系譜とこの地域の椿山古墳の関係との直接的なつながりの強さを示す証拠と言えます。

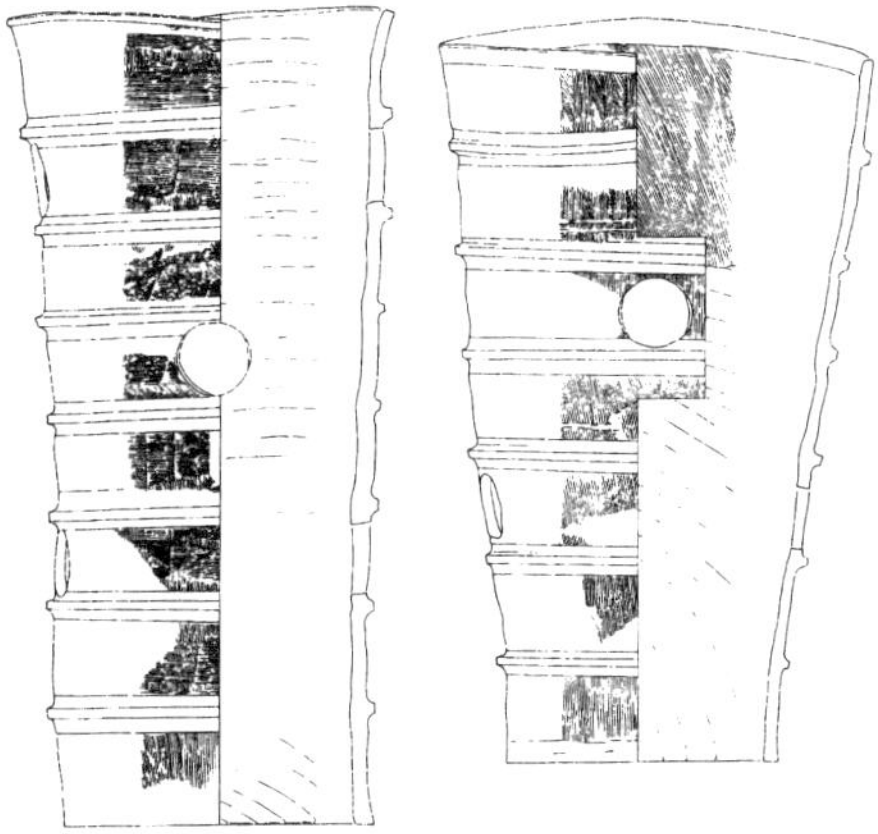

供養塚古墳

粟塚古墳（古市古墳群）

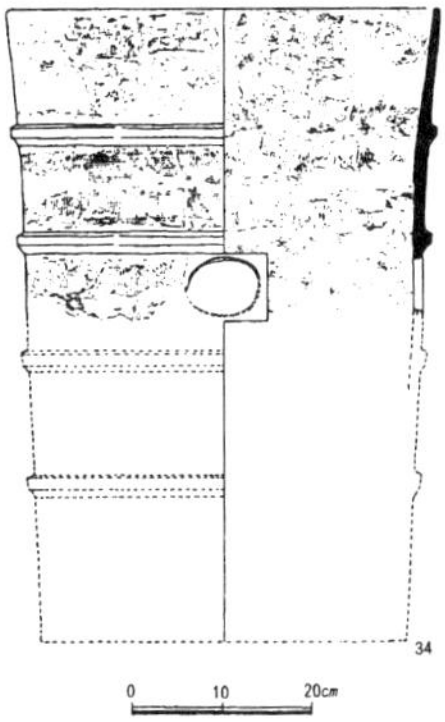

狐塚２号墳－円筒埴輪

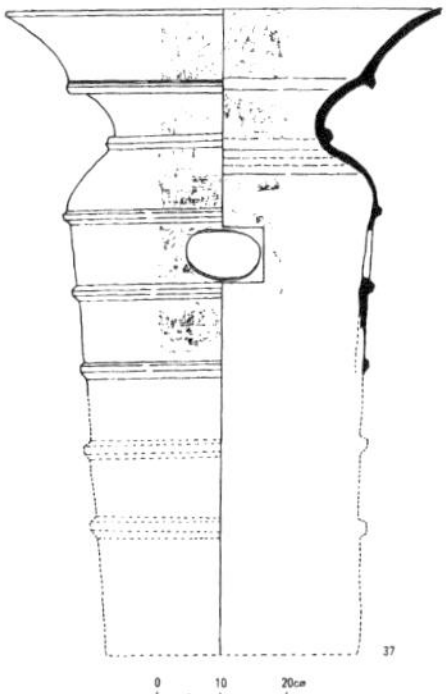

狐塚２号墳－朝顔形埴輪

図１　近江の帆立貝式首長墳と王陵陪塚の埴輪

その左の供養塚《くようづか》古墳、同じ帆立貝式で、少し時期の下る、近江八幡市《おうみはちまん》にある古墳ですが、この埴輪も、比較すると少し小さくなっているように見えますが、応神陵の二代ほど後の允恭《いんぎょう》陵古墳こと市野山《いちのやま》古墳の時期においては、それと同じくらいの大きな埴輪です。前方部が短いと非難されがちですけれど持っている埴輪は最大級で、他の前方後円墳でも持ってないものを持っているので、帆立貝式古墳をなめてもらっては困るということです。

雨森　ありがとうございました。一瀬先生、お願いいたします。

一瀬　会場参加者からのご質問として、「帆立貝形古墳に企画設計図があるのですか」というものをいただきました。帆立貝形古墳の定義ですが、後円部を半分にして、後円部を二とすると、全体は三、前方部と後円部が二対一の関係、それ以上に短いのを帆立貝形と呼ぼうという定義になります。ところで帆立貝形という呼称もいろいろあります。私は先の話のときに帆立貝式と呼んでいました。形というと、本来前方後円墳は前方後円形古墳なので、そこに帆立貝形とつくのは変な感じなのですが、最近は百舌鳥・古市古墳群で使ったりして主流派のようです。この討論では形の方で。

さて、前方部が大きくなるはずの五世紀に二対一の比率で盛んに作られた古墳が多いのですが、それ以外の時期でもこの比率の墳丘が存在します。箸墓古墳よりやや古

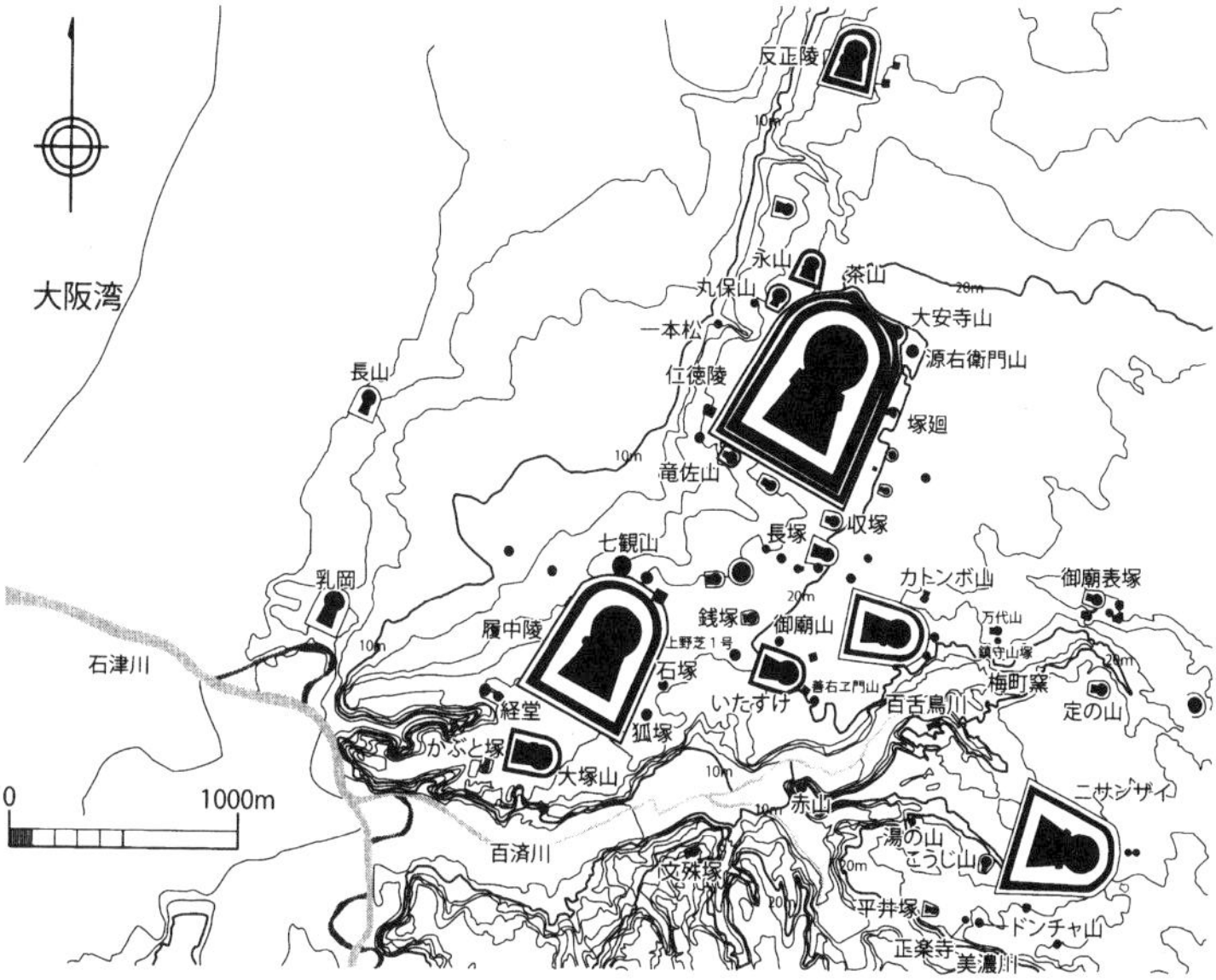

図２　百舌鳥古墳群古墳分布図

いものを寺沢薫さん（元奈良県立橿原考古学研究所調査研究部長）らは、纒向《まきむく》型前方後円墳と呼んでおられ、桜井市に集中しています。古墳ができる直前くらいのもので、古墳にふくめるかどうか微妙な墳墓です。

その特例を除くと、中期に特徴的な、先ほど高橋先生もおっしゃった低地形のところに畿内勢力的な帆立貝形古墳が登場して、一つの特徴となります。

ただ長さの比率に関しましては、図２の一番左手を見ますと、百舌鳥《もず》古墳群が基本的には円形に作られており、方墳は少ない。古《ふる》市《いち》古墳群は、先ほどの話に出したように、前半はわりと方墳が多いのが特徴的な古墳群です。百舌鳥古墳群（図2）は五世紀初めくらいの履中陵古墳ですが、百舌鳥大塚山古墳という中間層の古墳があり、それはちょっと前方部が長いのです。

ところが、仁徳《にんとく》陵古墳をつくったころくらいから67ページ図6、125ページ図2の右側に収塚《おさめづか》・孫大夫山《まごだゆうやま》・竜佐山《たつさやま》古墳などが仁徳陵古墳の前方部に帆立貝形がずらーっと並びます。ニサンザイ古墳が造られたころには、ニサンザイ古墳の北側の谷の方に帆立貝形が集中します。御廟表塚《ごびょうおもてづか》、銭塚《ぜにづか》・こうじ山《やま》古墳などがそれにあたります。前方部が短い中でより短いものと、帆立貝の定義をやや超えるものなど、非常にバリエーションに富んでいますが、定義としては二対一の比率が帆立貝形ということになります。

それから、古市古墳群の方を先ほど高橋先生が指摘されたように（107ページ図10）、盾《たて》塚《づか》と比べた真ん中の「墓域」と書かれているところになりますが、盾塚が下の方で前方部が多少長いですが、上の方の珠金塚《しゅきんづか》古墳、鞍塚《くらづか》古墳があり、造《つくり》出《だ》しくらいの出っ張りみたいなのが二つくっついている例があって、なかなか円墳の造出しか帆立貝形か判断しづらいようなものもあり、微妙な差で違ってくるということです。椿山古墳の方はどういう比率になるのでしょうか。

近藤　約半分ですね。

一瀬　帆立貝形の定義どおりになりますね。

雨森　ありがとうございました。では近藤さん、お願いします。

近藤　最後のまとめのところで言い忘れたことがあります。笠形木製品がどこで作られたのかということですが、掘っていた時のイメージや報告書をまとめる段階では、近江には、山君と呼ばれている山の資源を支配していた人が各地にいたので、地元で木製品を作ってたいたのではないかと思っていたのですけど、笠形木製品の材質であるコウヤマキが、このあたりでたくさん採れたのかということを考えると、その当時はわかりませんが、今現在のことを考えると、近江にはそれほど植えていなかったというイメージがあり、この考え方は違うなと思いました。一般的に棺はコウヤマキで作られるのですが、コウヤマキの産地で有名なのが高野山です。その特殊な木材を調達していた集団がいて、大和政権が支配する中心地域で木製品として作ったものを近江に運んできたというのが、今の私の感想です。

木材を加工した工人自体は、優秀な工人が近江にいたと思われますので、人材を派遣していたということは十分ありえると考えています。

もう一つは、大型の笠形木製品が並んでいた怪しい特殊な場所があったと言いまし

写真１　昭和22年椿山古墳・大塚越古墳周辺航空写真
（国土地理院のウエブサイトに加工）

たが、墳丘に登っていただいたらわかると思いますが、ちょうど近江富士と呼ばれている神体山の三上山《みかみ》が正面に見える場所なのです。そのような方向を意識した場所につくられていること。立地条件もふくめてそういう祭祀《さいし》的な場所がここにあって、応神陵古墳級の大型の笠形木製品のみをここに並べて、そのほかは中型の四〇cm級のものがところどころに全体に回っていたというイメージを描いております。

あと、先ほど高橋先生も話題にされていた新開古墳とのかかわりが気になります。渡来系のにおいがする古墳ですけど、写真1をご覧ください。昭和二二年（一九四七）、まだ名神高速道路ができる前の航空写真です。中央上に椿山古墳が写っています。まだ栗東中学校や市役所も、もちろんありません。この写真で、椿山古墳のちょっと斜め左下にも前方部を南西に向けた前方後円墳らしき形があります。これは、今では完全に消滅しましたが、椿山古墳から数えて二世代前の首長墓である大塚越《おおつかごし》古墳です。七〇～九〇m級の古墳とされています。そして、新開古墳の場所は、大塚越古墳の南にある池の下側にあたる、ちょうど安養寺山の裾にあります部分です。

実は、その新開古墳というのは1号墳、2号墳というのがあって、1号墳が三五mくらいで、2号墳が二五mとされています。さらに新開古墳の1号墳と2号墳は、二つ合わせて前方後円墳とする考え方がありますが、その場合、主軸が椿山古墳の方向を向いていることになります。先ほど椿山古墳と新開古墳の関係がどのようなものであったのかということがありましたけど、おそらく密接な関係であったことが両者の位置関係からも把握できます。

新開古墳はあまりにも立派な副葬品が出土しているので、私は前方後円墳（帆立貝形古墳）もしくは前方後方墳になる可能性を考えています。2号墳からは蛇行状鉄器や、鉄鋌《てってい》とよばれる鉄素材など、朝鮮半島から来ている可能性があるものも出土しており、そのような意味からも渡来系と鉄関係の勢力、二つの関係が大きな勢力を生み出したと思っているところです。

会場からの質問

雨森 ありがとうございます。次は会場の方から色々と質問がきているので、お答えしていただこうと思います。一つ目に、古墳築造の専門集団があった可能性が考えられるのか、それを検出する手がかりがあるかどうかということです。

一瀬 図4に、履中《りちゅう》・応神《おうじん》・仁徳《にんとく》陵古墳の墳丘の図があります。一番トップクラスの造営集団という意味からすれば、設計図自身は履中陵と応神陵古墳はまるっきり一緒で大きさも同じです。つまり設計図は履中陵から応神陵古墳に引き継がれたのです。

ただ、履中陵古墳は大きさでは三位で、なぜ、応神陵古墳の方が大きくなっているかといいますと、濠《ほり》の方を見ていただきますと、履中陵の濠はすごく広くなっています。墳丘下段の水没率が高いのです。上中下の三段築成の内の一番下の段がほとんど水没しているので、履中陵古墳は三位として小さくなっていますが、水を抜いてしまうと履中陵と応神陵古墳はほぼ同一設計なのです。同じように仁徳陵古墳の水も抜いてしまうと、応神陵古墳の後円部の上中下というのはほとんど同じ寸法になります。

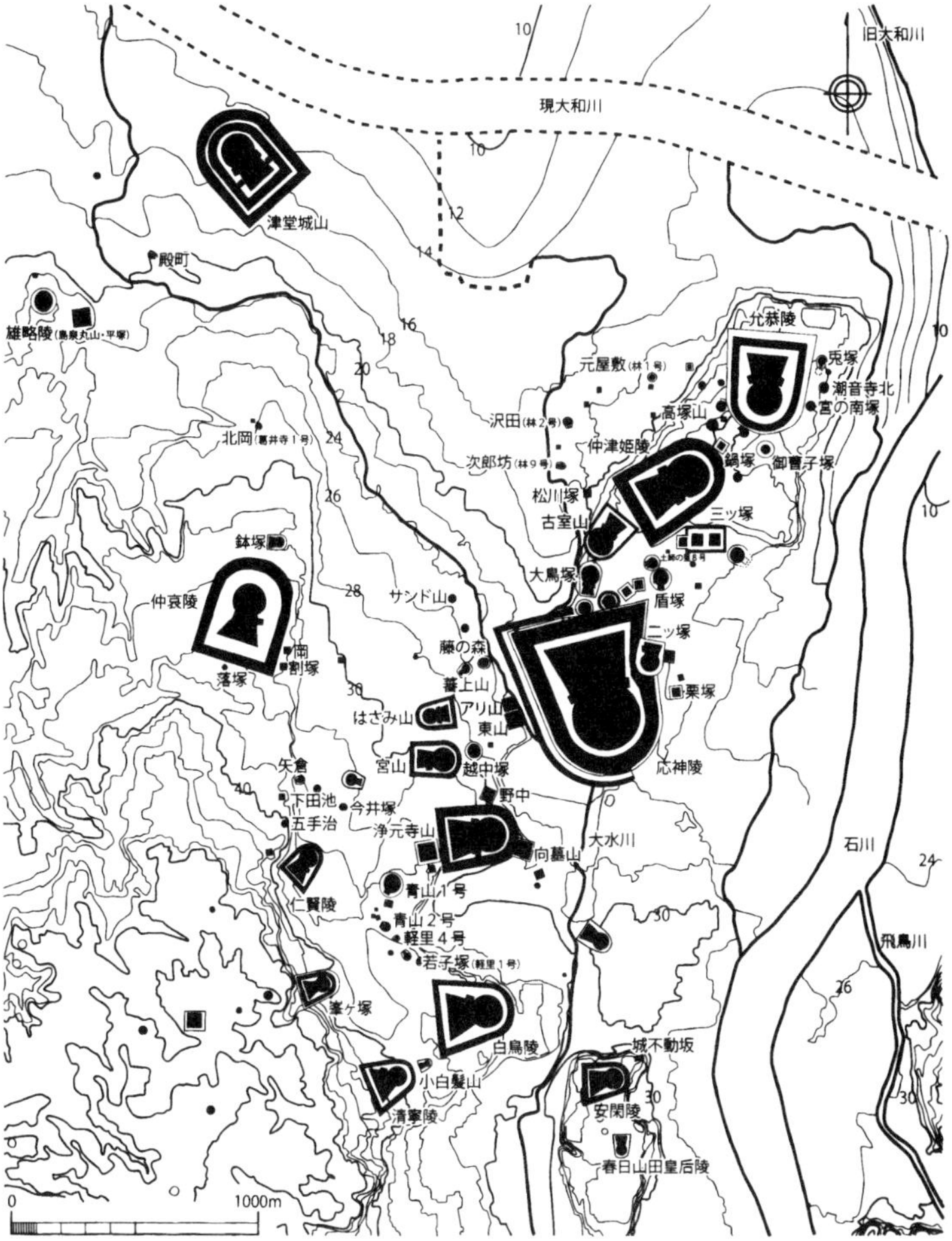

図3　古市古墳群古墳分布図

応神陵古墳の方には白い帯を入れていますが、その白い帯の分だけ前方部を伸ばしてみると、応神陵古墳の設計図を使いながら、仁徳陵古墳の方は少しでも大きくしたいということで前方部を長くしたという関係になります。ですから、この三古墳については、ずっと同一の造墓集団が引き継がれているとみることができます。

埴輪の方で見ますと、履中陵古墳の埴輪がなかなか明らかになってこないのですが、明らかに応神陵古墳と仁徳陵古墳の埴輪というのは少しずつ進化しており、同じような系統の中で応神陵古墳は古く、仁徳陵古墳は新しいと小さい個性まで比べても微妙な差の中で、仁徳陵古墳が新

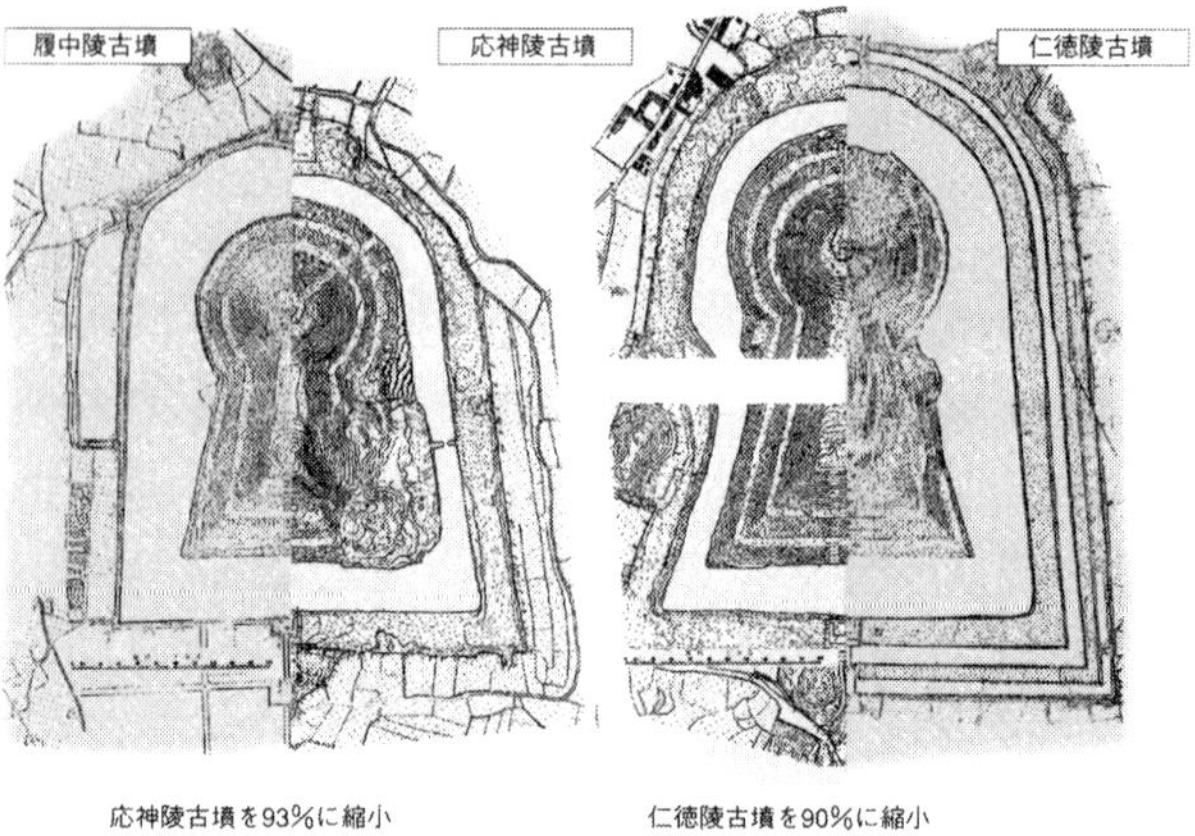
履中陵古墳を100%とする
応神陵古墳を100%として前方部をのばす

図４　履中陵・応神陵・仁徳陵の墳丘比較

しいと位置づけられ、埴輪づくりを製作管理していた人間の系統も同じであると考えられます。

それより小さな集団の手がかりとしましては、古市でも百舌鳥古墳群でも埴輪を焼いている窯《かま》が集まっている場所があります。古市は、図3の分布図の向墓山古墳の辺りに誉田白鳥という埴輪窯があり、百舌鳥の方は、図2に百舌鳥古墳群の分布図を見ると、大きな大王墓は海岸沿いに仁徳陵・履中陵古墳が並んでいて、これで敷地がいっぱいになり、ぐっと内陸の南東の方にニサンザイ古墳が築かれます。ただ一五〇～二〇〇mくらいの在地の古墳ですね。先ほど高橋先生のお話でも、在地などより小地域の方で形が違うという指摘があったのですけど、まず三〇〇m以上の古墳が百舌鳥にあって、一五〇～二〇〇mくらいの古墳は、和泉地域を牛耳《ぎゅうじ》っている勢力が、百済《くだら》川と書いている上に大塚山古墳があり、ちょっと内陸の百舌鳥川の方に作られたのがイタスケ古墳、その次に作られたのが御廟山古墳というように、どんどん内陸につくっていきます。この三古墳は同じ手合いの集団系譜が、先ほどの履中陵・応神陵・仁徳陵古墳の大王クラスと同じように一定の造営集団が活動しています。

また、小さな群で百舌鳥川と書いている上に梅町窯《うめまち》というものがあります。この窯の周囲には、先ほど触れました帆立貝形が数多く集まっています。ニサンザイ古墳があって御廟山古墳があって、その右手に帆立貝形がたくさんあるのですが、その帆立貝形が集まっているエリアに梅町窯が構成されているので、地域的に埴輪窯を持っていて、小さめの帆立貝形や円墳を作るような造墓集団が一つのセットになると考えられます。

ただし、ひとつひとつの巨大古墳を造営する場所という意味からしますと、古市の方で仁賢《にんけん》陵古墳という例があります。仁賢陵古墳の埴輪窯が二つ明らかになっているのですが、その二つの埴輪窯をずっと操業していて、最後の最後に仁賢陵の外堤を作るときにその埴輪窯の焚き口あたりを削ってしまい、仁賢陵古墳を完成させています。少なくとも、仁賢陵古墳の埴輪については、その古墳を作っている所で、埴輪も焼いて、一集団が完成までの作業にたずさわったといえると思っています。なにしろ完成する古墳だけでも多くの場所をとってしまいます。

いろいろありますが、規模とその時の地域の生産事情によって集団が違う。ただ造墓集団を安定的に確保することは古い方の古墳をつくったノウハウをそのまま踏襲《とうしゅう》しながらその規模での安全な墓作りができます。ちょっとでも大きくしたければ、その実施をもとに少し冒険して実現し、ちょっとずつでも大きくして巨大化していくというのが一定の集団で引き継がれていくノウハウであったと思います。目指す造営規模を持てる集団、そして結果として現実のそれぞれの規模に到達していたのが実情だと思います。

雨森　埴輪製作の話が出ましたが、「仁徳陵古墳など巨大古墳の埴輪の需要によって、椿山古墳など地方の古墳に埴輪が来なかった可能性があるのではないか」という質問がありました。地方への埴輪の伝播についてお考えをお聞かせ願います。

一瀬　二通りの考えがあるのですが、地方に技術指導をしながら出向くパターンと、広瀬和雄先生（元国立歴史民俗博物館教授）が言うのは、基本的には一番古墳の規模が大きくて一番人手がいるのは中期、五世紀といえば百舌鳥と古市になってくるというものです。

私は後者が現実だと思っています。百舌鳥と古市に埴輪を作りにきてもらってそこに人口が集中すると、そこでの埴輪づくりの方法を体験した人が自分の地域に戻った時に、それを再現して作ることで拡散した。それが地域で出る似た埴輪であろうと。仁徳陵古墳であれば、福島県などにすごく似た埴輪が出てくるのですが、そういう似た埴輪が日本列島各地に広がる現象が起こっています。

椿山古墳は埴輪が少ないという面がありますが、狐塚遺跡のものは細かいところまでよく似ています。木製品の解釈については、高橋先生と意見が分かれる所ですけど、奈良県の方でも橿原市四条古墳で笠形木製品が多く出土していますが、この古墳では土の埴輪が少なくて、木の埴輪がいっぱい出てくる印象があります。これは、私は形象埴輪などを土で作るより、木で作る方が手軽なので四条古墳では木でつくった。しかも、大和は森林資源が豊富であるので、土を焼かずに木を確保する道を選んだのではないかと考えています。

四条古墳よりもう少し山の中に入る小立《こだち》古墳という桜井市にある古墳では、円筒埴輪だけは土で焼いているけれど、その他の矢を入れる複雑な形の靫《ゆき》などの形象埴輪は木でつくっています。それと同じような感じが、椿山古墳の土と木の埴輪を作る生産体制のあり方だったように思っています。

これと同じような話を以前堺市で高橋先生と話したのですが、高橋先生は違う考えをお持ちのようなので、よろしくお願いします。

高橋　今日、本当に貴重なものを目の前でじかに見られたと思いますが（写真2）、これが、当時作られて立っているのと、土の焼物が立っているのを見たらどちらがよく見えますか。私は、どう見ても、土の焼物よりこっちの方が立派に見えます。で、作る手間というようなことでも、考えようによっては、コウヤマキという材料の入手の難しさや、偏在性などを考えたら、なかなか甲乙つけがたいと思います。

そもそもこれが笠だとしたら、本来は何で作られたかといえば、もう少し持ち運びの軽い布にそれを張るための骨ぐらいで、その程度のものです。土で作るのも木で作るのも、本物ではない材質で、ある程度長くその場に置いておけるように耐久性のあるものに変えているわけです。土で作るべきか木で作るべきかというのは、伝統や地域性が現れるわけですけど、普通は、これら多くの地域の古墳では、土で作って並べている。それなのに椿山古墳はあえて、このクラスの大きなものを木で作っているのです。簡単に作れたり入手しやすいからではなく、むしろ難しく、より立派に見える方を選んでいる。この古墳はそれができたと高く評価をします。

また、重要な古墳として大阪府高槻《たかつき》市には、六世紀前半の大きな墓、継体大王陵だとみなさんが想定している今城塚古墳があります。箸墓古墳が九九％卑弥呼の墓だとすれば、今城塚古

写真２　シンポジウムでの展示の状況

墳は九九・九九％くらい、継体大王の墓といえます。その大きな古墳では、土のキヌガサとしては一点もまともなものが出ていません。特殊なものは出ますけど、恐らく、木で作ったものが立派に飾られていて、安物の土の埴輪は選ばれていなかったのでしょう。そのようなことからここでは、木の埴輪を自慢げに飾っていたと私は思います。

一瀬　現物の笠や蓋《きぬがさ》をそのまま置かずに、長持ちさせるために分厚いのをわざわざつくってとなると、椿山古墳の出土状況図と断面図を見ると、結構、笠形木製品が地表に止まったままで、しばらくしてから転げ落ちたように想像します。どれくらい長い間、墳丘で笠が立ったままになっていたのでしょうか。

近藤　はっきりしたことは言えないのですが、笠形木製品が出土している層自体は、最初、黒色粘土層の粘土でパックされていたと思われます。この層の中に新しい土器は含まれていないということで、今いえることは、その上の層が七世紀代の遺物を含んでいますので、五世紀前半から七世紀前半の間に限定されます。

笠形木製品が二〇〇年の間、現状を保っていたのかというのは、疑問をもっています。結構早い時期に笠形木製品が濠の中に落ちた後、粘土でパックされたのではないかと思われます。おそらく地震や台風などの災害によって倒れたのではないか。それをまた、補修をしていたのかわかりませんが、考古学的にそのような検証をしたことがないのでわかりません。最近頻繁に起きている災害を見ていると、おそらく一回の揺れや風の影響で倒れて、かなり早い段階に濠の中に落ちて埋まり、その状況で保存されたというイメージです。今日の段階では、そう考えていますが、説明になってないかもしれません。

一瀬　笠形木製品が落ちるまでに、写真を見た感じでは、濠の中に堆積物があるような気がしたのですが。

近藤　下の層ですが、築造当時に造った特殊な場所と言っていた遺構があります。それを築造当初の堀として考えたら、その層が一回堆積してから、次に黒色粘土層ができたので、そのようなことを考えると、かなり後になってから落ちたことになります。このベースとなった最初に掘った溝の年代と、笠形木製品が出土した黒色粘土層との年代的な違いを判断する決め手がないので、はっきりとは言えません。

雨森　狐塚3号墳では、木製埴輪がたくさん出ていますが、同様の埋まり方であったとつけ加えさせていただきます。

先ほど、その埴輪の代用として造られたのが木製品であったのか、それが立派だったからわざわざ作ったのかというように高橋先生は解釈されているということで、資料の方にもありますが、木製品は格式が高いと書いていただいていますが、例えば、加工するという点で、埴輪を焼くということと、木で加工するということについて、細工など作り方の難しさというあたりで何かご意見があればお願いします。

高橋 大きなものを作るのには、どちらが作りやすいかという点だけ比べた場合は、粘土を横へ横へと広げていくというのは、へたってしまう危険や変形してしまう心配があって、熟練度は埴輪で作る方が必要かなと思います。これに比べて、木工の技術を持っている人で、大きいのを作れるのであれば、それなりに作れるのではないかと感じます。スペシャリストの要求度でいえば、埴輪かもしれませんね。

一瀬 先ほど産地の問題が出ていましたが、埴輪の場合はその生産の複雑さからすれば、混ぜた土の中に石ころなどが入っていて、それでどこが作ったのかわかるのですが。木の場合は、木を削ればできるので、同じ方法では判断できないということが弱点です。

今ので思い出したのですが、韓国で見つかる前方後円形墳墓の場合、埴輪や円筒埴輪は似ていないですが、笠形木製品や盾などの木製品は、似ていると言われています。韓国の竹幕洞《チュンマクトン》という祭祀場からは滑石製《かっせき》の石製品が出ていますが、それなどは日本の石製品と形はそっくりそのままです。土製品よりも石製品や木製品は似せやすい、作りやすいと言えるように思います。

高橋　今日の資料の中で、これまで出てきていませんが、普通、蓋形埴輪といった場合、上に十字形の直交させた部分が飾られます。それは粘土で作るなら、大きなU字形の板を二枚直交させて、その根元を差し込むわけですが、それを作るのはかなり難しい。幼少のころの経験を思い出してもらえば、粘土の板でそんな大きなものを作って重ねるのは、大変なことだと理解できると思います。

これに対して守山市の八ノ坪遺跡の木製の実物、この会場に入る前に模型があったと思いますが、あれは、板で作れば、簡単にへたることなく、組み合わせて作れる。その点からみても木の方が作りやすいと私は思います。

雨森　それぞれに専業の集団がいて、それにあった形で対応をしていたということでよろしいでしょうか。

高橋　いや、ちょっと違います。埴輪の場合、本当に埴輪を作り続けて、プロ中のプロでないと作れません。一方、木工のプロであれば、こればかり作ることはないでしょう。そういう製材が得意な人であれば作れるかなという感じです。

雨森　工人の話になっていますけれども、近藤さんの補足で、工人が特殊な木を調達する集団から材をもらって作っていた、あるいは近江から中央に優秀な工人が派遣されてきたというのがありました。椿山古墳でこのような大規模な笠形木製品が作れた、地域の工人像といったものに関して、ご意見はございますか。

一瀬　埴輪は先ほど高橋先生から話が出ていましたが、こっちの狐塚遺跡の方ですかね、２号墳（写真３）は、かなり応神陵古墳によく似ているような気がします。応神陵古墳の埴輪そのものなので、大きさと作り方のノウハウが狐塚２号墳と、応神陵古墳で共有していることは確かです。先ほど言ったように、私は栗太郡の人が、応神陵古墳の埴輪の生産にも手伝いに出向いたと思います。

雨森　その作りに行ったところで、そのノウハウを持ち帰って、地元でも用いたということですね。

一瀬　ただ結局こちらの場所で埴輪を焼いていることは確実だと思うので、狐塚遺跡の古

写真３　狐塚２号墳円筒埴輪

墳群であれば、どの辺りが窯だったのかは気になる所ですね。いかがでしょうか。

雨森　近藤さんどうですか。

近藤　よくわかりません。申し訳ないですけど、私は埴輪についてはあまり詳しくはないので、埴輪窯については考えたことはないです。ただし初期須恵器の窯は、昔、近江で焼いている可能性があるといわれたことがあって、この栗太郡で初期須恵器を焼いているのではないかと、一時期話題になったことがあります。二〇年以上前の話だと思いますけど、私はそれからいろいろ初期須恵器や韓式系土器を見て、近江の初期須恵器のほとんどが陶邑《すえむら》から持ってきたと考えており、河内とのつながりがかなり強いと感じています。

渡来人集団も、もしかしたら河内から来た集団と、先ほど高橋先生も言われているように、日本海側に勢力をもつ集団の二系統の渡来人があったのではないかと密かに思っています。渡来人がもたらした韓式系土器を見てみると、河内周辺の土でつくった土器が含まれていることがあって、河内とその集団自体が近江にいて、そのつながりで鉄製の特殊な遺物がこの地域で見られるようになったようにも思います。

一瀬　ちょっといいですか。あの壁際に展示してある須恵器（19ページ写真1）は、堺市の陶邑窯跡群からでしょうか？

近藤　たぶん陶邑ですね。断定はできないですが。私が陶邑産をみてきた感じでは、見た目の色調と胎土からそう思います。滋賀県では、この時期に須恵器は焼いていないというイメージを持っています。

一瀬　なるほど須恵器は明らかに移動しているのですね。

雨森　ありがとうございます。だいぶ時間も迫ってきておりますので、今、渡来人等の話が出てきましたが、新開古墳との関係や、帆立貝形古墳のことについて、話が移っていけばいいかなと思います。司会は交代します。

新開古墳について

佐伯　まず確認として、椿山古墳の大きさは、近江、滋賀県の中では、安土瓢箪山古墳《あづちひょうたんやま》（近江八幡市）と荒神山古墳《こうじんやま》（彦根市）、膳所茶臼山古墳《ぜぜちゃうすやま》（大津市）の三大古墳に続いて、四番目の大きさにあたると思います。それとあと五世紀の椿山の時期では、滋賀県の中で最大級というのは、それは確認できますね。

その中で高橋先生は、帆立貝形古墳は地域豪族の力を削《そ》がれ規制された古墳ではなく、軍事を任されるような人物の墓ではないかと推測され、大きな笠形木製品を持っており、前方部の粘土槨からたくさんの武器類、短甲等が出たというのもそのためとなさりました。

そして、椿山古墳の同時期の新開古墳、あれは椿山古墳に続く二番目の有力者の墓であると。近藤さんが新開古墳は1号墳と2号墳を同じものだとして、前方後円墳ではないかとおっしゃっていましたが。前方後方墳かもしれない。図5に新開古墳の測量図がありますが、これが高速道路の通る前の調査で五十数年前の測量図になります。確かに、

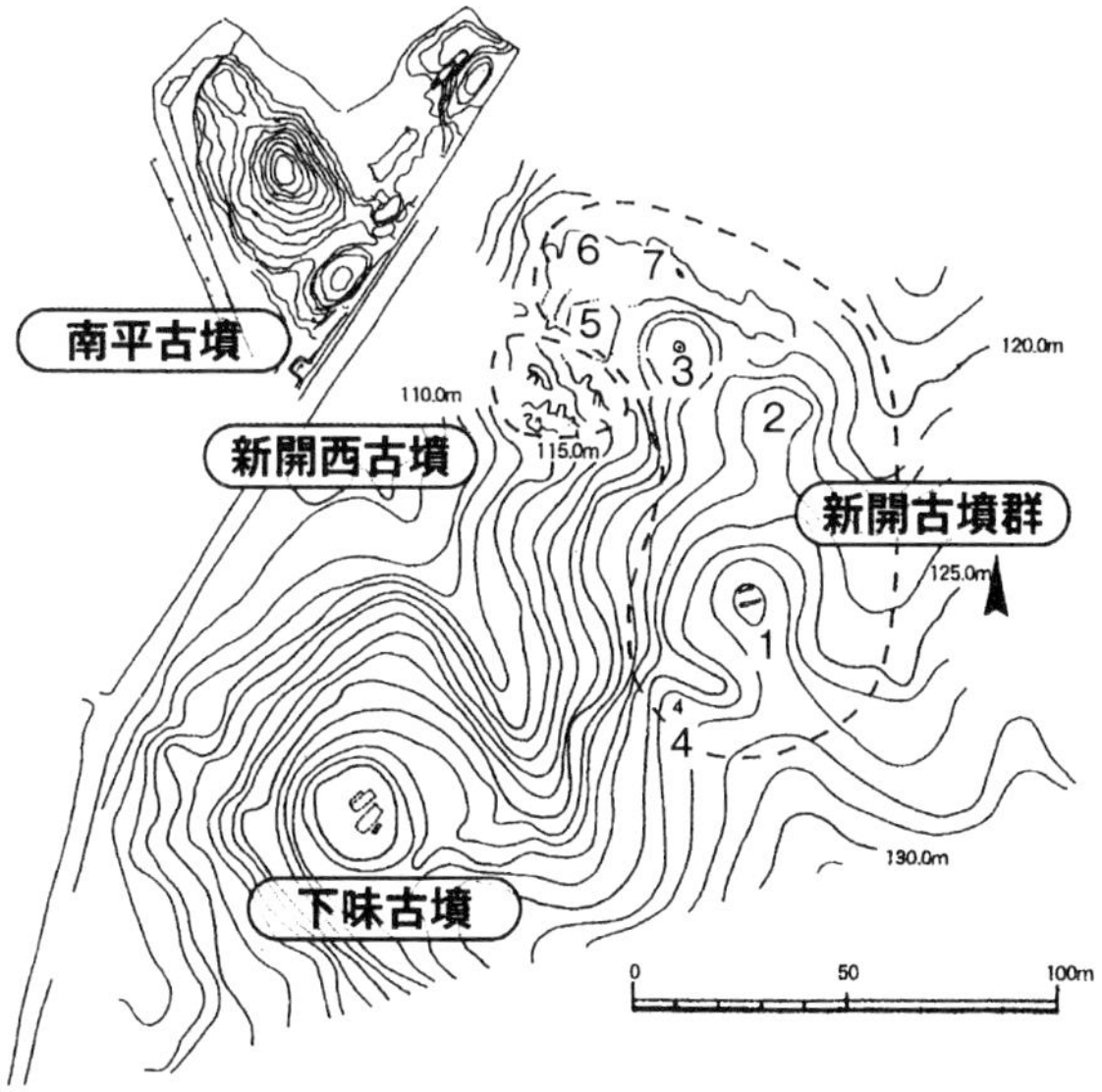

図5　新開古墳群・南平古墳とその周辺

新開古墳の1、2と書いているのを見ると、一体のものと考えたら、前方後円墳、前方後方墳にも見えます。

けれど、2号墳の方はやはり短い、どちらかというと帆立貝形のような気がするのですが、どう思われますか。

近藤 形はおそらく前方部が広がっていない椿山古墳と似たような感じだったと思いますがはっきりしたことは言えません。あまりそのようなことを考えたことはないです。

佐伯 椿山のようなちょっと開いたタイプではないけど、どちらかというと短いので帆立貝と。

近藤 そうだと思いますが、古墳の形自体にあまり関心がなくてすいません。どちらかといえば出土している遺物を評価していただきたいです。

佐伯 わかりました。

近藤 渡来系の豊富な遺物、特に2号墳は意外とクローズアップされていない古墳です。先ほど言いましたように、奈良県の大和2号墳で出土しているような鉄製品の材料となる鉄鋌がたくさん出土しているし、韓国で出土しているような馬のお尻に付けたへビのような形をした旗座のようなものが出土している。蛇行状《だこうじょう》鉄器と呼ばれる、このような渡来系の遺物が出土しているのに意外と知られていません。

1号墳は、先ほど高橋先生も紹介していただいているように、豊富な甲冑《かっちゅう》や馬具が出土しているので、特に1号、2号墳をあえて新開古墳として一括《ひとくく》りにさせていただきますが、その武器、武具も含めてやはり軍事的な匂いがします。先ほど高橋先生が椿山古墳の遺物を紹介されていましたが、大量の刀のように軍事に結びつくような遺物がたくさん出土しています。

それに合わせ、古墳と関連する集落も、特殊なオンドルをもつ竪穴《たてあな》住居がまとまって確認されている渡来系の集落があります。そのようなところには、鉄製品の出土量がかなり多い。普通、竪穴住居からは鉄製品が一点でも出土すればすごいことなのですが、特殊な鉄器、武器類が一〇点以上も出土した竪穴住居があります。

このような集落が椿山古墳の築造される以前から存在し、伝統的に鍛冶による鉄製品の生産を行っており、徐々に大和政権とものながっていったというのが私の理解です。

そういう面でも、今後は新開古墳と椿山古墳をセットで考えていかないといけない。2つの古墳は、絶対切り離せないと考えています。新開古墳の方だけすごく有名になってしまいましたけど、これからは椿山古墳が重要です。椿山古墳一押しでいってもらいたいと思います。滋賀県が誇る代表的な古墳は安土瓢箪山古墳ではなく椿山古墳でいきましょう。

佐伯　もう一つ新開古墳のことで、質問なのですが。４号墳から船形埴輪（写真４）が出ています。かなり大きな埴輪なのですが、これは１号墳の左斜め下に４って書いてある部分（図５）から出土しています。よく雑談で近藤さんは４号墳について、「古墳なわけないだろう。新開古墳の祭壇だ。造り出しだ」と言っていました。

出土した直後の記者発表では、祭祀関係に強い先生にコメントをもらい、琵琶湖にこういう船が浮かんでいて、魂を運ぶ船だと発表したのですが。他の人の意見では大きな船形埴輪を持っているのは、海外に派兵した、軍事的な人物としての性格を表すという見解も聞いたことがあります。

そのあたりについて、ご意見をいただけ

写真４　新開４号墳出土船形埴輪（栗東歴史民俗博物館所蔵）

ればと思います。

近藤　4号墳では船形埴輪や家形埴輪も含めてたくさんのかなり立派な埴輪が出土しています。一辺一五mほどの方墳状の溝が出ていたと思いますが、こんな小さい古墳なのに大きくて立派な船形埴輪をはじめ、それこそ王権クラスの古墳で出土するような埴輪がなぜ出土するのだろうと思いました。

新開古墳も1、2号墳を合体した古墳のイメージに合わせるとピッタリではありませんか。前方後円墳か前方後方墳なのかわかりませんが、それに附属した祭祀場がここにあって、墳丘の主軸が椿山古墳に向かって造られているのです。

佐伯　祭壇説を強調されました。

一瀬　古墳時代の船の中には、木口《こぐち》、つまり舳先《へさき》と艫《とも》の方を塞《ふさ》いでしまっている竪板《たていた》がついているものがあります。それが古い方で、新しい方は西都原《さいとばる》古墳群（宮崎県）の出土例に代表されるもので、舷側板《げんそくばん》が並行してついていて、舳先と艫の部分が開放されているものです。

新開古墳の船形埴輪は、この二つの種類の中間形態に近いのですが、古い方の型式を引き継いでいそうです。一番似ているのは大阪市にある長原《ながはら》古墳群の高廻《たかまわ》り1号墳の出土品です。大阪歴史博物館で常設展示されていて、重要文化財にもなっています。

船板がこれだけきれいに残り、舵《かじ》、オールをかけるピボットがこれだけ数多く残っているのもすごいなとも思いました。出土位置の件なのですが、高廻り1号墳や、それより古い菩提池西遺跡《ぼだいいけにし》では、船形埴輪の出土位置が周溝の真ん中の深いあたりでした。他には帆立貝形の三重県の宝塚1号墳のくびれた船着き場みたいなくぼんだところに船形埴輪が置かれていたケースがあります。

私も、新開1号墳の丘陵の高いところ、1号墳を等高線から見ると丸い墳丘を作るために丘陵側のところを半円形に掘割しているのではないかと思います。測量図だけ見ると、その掘割の中に、船形埴輪をおいていたのかなという気もします。ちょうど被葬者が1号墳まで墳丘の裾まで船でたどり着いて、墳丘に登ろうかっていうところ、一番掘割の深いところに置いて、墳丘の中に入っていくそんな感じのストーリーの場所に船形埴輪を置かれたのかなという気がします。

高橋 今、一瀬さんが言われた同じ感想を持っています。近藤さんにうかがいますが、くぼんだところで出ているのか、4の数字が置いてある上で出ているのか、お聞きしたいです。

近藤 私が掘ったわけではないのではっきりしたことはお答えできませんが、昔の等高線で、実際に見るとちょっと違うかもしれません。それが復元できない状況なので、これは場所的にずれていて、位置が正確ではないかもしれません。4のところは。溝の中から出ているので、溝の上と解釈しています。私のイメージ的には落ちてきているとこだと思います。

高橋　位置をうかがったのは、これだけ残りのいいものが、一六〇〇年ぐらい、山の頂上でそのままの状態で出るかっていうと無理だからです。風雨などが直接あたる頂辺においてあれば、完存度という言い方をすれば、八、九割残っていないはずなのに、遺存状況をみたら、谷状のくぼんだところにあったとみるのが自然だと思います。一瀬先生のような理解でよいと思いました。

その理由ですが、ちょうど今年か来年かで松阪市宝塚1号墳の国宝に指定された船形埴輪が出土して、二〇周年だそうです。そのころ以降、船形埴輪に注目が集まるようになりました。そして、墳丘の天辺ではなく、裾や堀の際を調査することが以前に比べて盛んになった結果、船形埴輪というのは為政者が海上交通、河川の交通を牛耳っている姿を見せるという性格を持つものではなくて、やはり魂をあの世や墓場に運ぶといった葬送観念に関わるのだろうという見解で大方の了解は得られるように、今はなりました。

4号墳においても、民衆や多くの人が祀《まつ》ったり、拝したりするような場所ではなく、あくまで死者を弔うことに関する行事のなされる場所に船形埴輪を用意して、無事に彼岸できるように願ったきわめて精神性の高いものだと思います。その作りがこれほどまでに中央で作られたものの要素を忠実に再現しているのは埴輪製作上の結びつきの太さを示すものだと思います。

佐伯　魂を送る葬送儀礼のためのものであり、軍事的な海外派兵を表したものではないのですね。

今後の調査について

佐伯　栗東市教育委員会への質問があります。椿山古墳は市指定史跡となっていますが、墳丘測量は行われたものの、なぜ、葺石や段築や平坦《へいたん》面の埴輪列の確認調査を実施していないのでしょうか。また今後実施する予定がありますでしょうか。三段築成と見た目でわかるのですが。平坦部は、ちょっと確認調査で表土を剥いだら、埴輪の根っこが出てくるかもしれない、そういうことをした方がいいのではないかという質問です。

雨森　確認調査をしたらそういうのがわかってくるとは思います。墳丘測量については図面がいくつか出ているのですが。今から三〇年以上前の測量図でして、樹木が生い茂った状態で測量しています。そこで、今みたいにドローンがあるわけでもなく、メジャーテープを引っ張って測るので正確なものではないです。今後、測量に関しては進めていけたらと思っています。

今回のシンポジウムは、栗東市元気創造事業「栗東の遺跡を活用しよう」の一環としての開催です。他にもこの事業では、先月の一一月に地域の「ふれあいいちょうまつり」が行われまして、そこで椿山古墳を段ボールの埴輪で飾ったり、勾玉《まがたま》作りを行ったり、庁舎で安養寺博物館といいまして、遺物の展示したことを含めて活用事業ということで行っています。

令和元年度活用事業の最後になるのですが、年を越しまして三月二二日に測量のワークショップを考えています（写真5）。先ほども伝えたとおり、かつては樹木が生い茂った状態で測量を行っていたので、何分不正確なところもありまして、整備

写真5　測量ワークショップ（令和２年11月）

がすすんだ現段階においてワークショップも含めて正確な図面をとっていきたいと思っています。三月に、そのようなワークショップを行いますが、その後、次年度もこの遺跡を活用しようとする事業は継続しようと考えています。今回は木製品に主眼を置いて、シンポジウムなりを開催させていただきましたが、これからはもっと墳丘の方に、クローズアップしていきたいと思っています。その流れの中で、今後、葺石や埴輪列の確認調査を考えることができればと思っています。また、その際はよろしくお願いします。

佐伯　「椿山古墳が、見た目で三段築成とわかるのですが、測量図ではわかりません。もっと正確な測量図を作る計画はありませんか」。これは答えていただきました。

重ねて質問ですが、「椿山古墳出土の遺物は京都大学で保管されていますが、整理調査はされていますか。未整理ならば栗東市としてどう思いますか」ということです。

雨森　クローズアップされてきた椿山古墳ですが、中期では近江最大で非常に立派なものです。今後は昭和二七年の調査での遺物についても、考えていかなければならないと思っています。

佐伯　京都大学さんとの連携を考え、していかなければならないとお考えですね。最後になりますが、会場に来ていらっしゃる京都大学の阪口英毅《ひでき》先生から一言、お願いします。

阪口　ご指名をいただきました、京都大学の阪口です。学生のころから安養寺古墳群には興味を持っていた者として少しお話させていただきます。

この古墳群に興味を持っているのは、私自身が古墳時代の甲冑を中心に研究テーマとしているということがございまして、今日の先生方のお話の中でも、以前、古墳群で甲冑がたくさん出ているとお話がありましたが、古墳時代中期の五世紀の特徴といいますか、古墳時代前期は三角縁神獣鏡というものが中央政権と各地を結びつける貴重な歴史の材料だとよくご存じだと思いますが、古墳時代中期においては、甲冑がその役割を担っているといいますか、政権の中枢と各地とのつながりを示すような代表的な副葬品と見なされています。

写真６　京都大学阪口英毅先生

そういう意味で今日、笠形木製品や埴輪など、中央とこの地域との強い結びつきを示すさまざまな特徴が説明されましたけれども、甲冑という副葬品の面においても、この地域というのは非常に政権中枢と強いつながりを持っていることが言えます。何回も名前が出ていますが、椿山古墳の二代前といわれている大塚越古墳、この古墳からも甲が出ています。

そのあと、今日の主役になっています椿山古墳でも前方部の埋葬施設から甲が出ていて、前方部でも出ているということは、後円部にもおそらくあったのではないのかと思っていますし、また新開1号墳では冑が五鉢、甲が四領出て、非常にたくさん甲冑が出ています。

このように、古墳時代中期の大塚越古墳は中期の一番初めの古墳といっていいと思いますけれども、それから中期の半ばまで連綿と甲冑が出る古墳が続いてくる地域というのは、全国的に見てもとても少なく、非常に珍しいということになりますので、この安養寺古墳群の重要な個性だと思っています。そういう意味で、私はこの古墳群に注目しています。

五年ほど前に、実はこの椿山プロジェクトの椿山学習会というものに呼んでいただきまして、お話をさせてもらいましたが、その時にも京都大学にある副葬品について私としては答えにくいご質問をいただきました。昭和二七年（一九五二）に調査が行われて、そのときの出土遺物が京都大学に運ばれておりますが、その後私の知るかぎりでは整理作業がきちんと行われておらず、遺物に関しても、私も細かく観察する機会がないのですけれども、土がついた状態でずっと木箱に入って保管されている状態です。非常に残念なというか、その調査担当の先輩方にその後の余力がなかったということだろうと思いますけれど、椿山古墳の資料に関してはそのような状況です。

一方で、二代前の大塚越古墳の出土資料も戦前の一九二〇年代だったと思いますが、そちらの資料も京都大学総合博物館の方に収蔵されています。こちらも調査が古い関係で巻物や写真については、ある程度情報が出ているのですが、細かな実測図というものが公になっていない状況です。

今年度から私の方でいただいた科学研究費の方で大塚越古墳出土遺物については、三年以内に報告書を刊行したいということで動き始めています。将来的には、椿山古墳の出土遺物についても、何らかの資料化ということを話していければと思っています。なにぶん出土時から年月が経っていて金属製品ということで、今、安定している状態を動かすということは、それだけで資料の劣化につながる可能性がありますので、何らかのことをするのであれば、保存処理のことも見通したうえで、体制を整える必要があります。大学で保存処理の費用を用意するのが非常に難しいという事情もございますので、なかなか一足飛びに何かできるわけではない状況です。

私自身は、非常に興味を持っている古墳群であり、資料でもありますので、今の私の立場でできることは、まずは大塚越古墳の出土遺物に関する整理作業でありますけれども、この椿山古墳というのが、非常にこの地域で愛されて、重要視されて地域の皆様で盛り上げていくということは、五年前にも感じましたし、今回も紹介していただいて、すごく盛り上がりの中で、そのお手伝いになるような材料の一つでも提供できるのであれば、前向きに取り組んでいきたいと思っています。そういったところをご理解いただけたらと思います。

雨森　ありがとうございました。では、時間にもなりますので、討論の方はこれで終わらせていただきます。このシンポジウムで椿山古墳の実像について迫れたのではないかと思います。どうもありがとうございました。終了にあたりまして、栗東市教育委員会教育部長中濱佳久《よしひさ》がご挨拶させていただきます。

中濱　閉会にあたりまして一言、ご挨拶申し上げます。本日は、師走に入りまして大変なにかとお忙しい中、これだけ大勢の皆さんにご参加いただだいてシンポジウムを開催でき、心よりお礼申し上げたいと思います。ありがとうございました。本日のシンポジウムでは一瀬先生から、「巨大古墳の時代」、高橋先生からは、「安養寺古墳群を解き明かす」という題で、大変心躍るご講演をいただきました。一瀬先生、高橋先生、大変ありがとうございました。

近年、百舌鳥・古市古墳群が世界遺産に登録され大変注目を集めております。わが市の椿山古墳も百舌鳥・古市古墳群にあります仁徳陵古墳や応神陵古墳と同じ時代に出来ていること、しかも軍事を任されるような特別な力を持った豪族に許された帆立貝形古墳という形をとっていたこと、こういった貴重なお話を聞かせていただきました。本当にすばらしい古墳を栗東市はもっているのだと改めて認識させていただきました。高橋先生のお言葉をお借りして大変申し訳ないのですが、わが市のこの椿山古墳、それと帆立貝形古墳をなめてもらっては困るということを、今後とも皆さんに訴えていきたいと思います。

　本日は出土した笠形木製品の実物を見ていただきました。また、この建物の入口に安養寺景観まちづくり協議会里山の会で

写真７　会場内のようす

作っていただいた笠形の復元品が皆さんをお出迎えしたと思います。日本最大級の笠形木製品の発見は、本市にとって一大ニュースでした。この笠形木製品の出土は古代から現代への貴重な贈り物として、文化のバトンタッチを受けたのではないか考えています。椿山古墳での笠形木製品をはじめとする多くの出土品からは本市の文化財、栗東市の文化の豊かさを再認識、再確認することができました。椿山古墳は栗東市民の資産として、今後末永く大切に守っていきたいと考えています。

本市教育委員会といたしましては、祖先が残しました文化の証でありますす文化財の保護、公開、周知にこれまで全力を注力して注いでまいりましたが、今後より一層の努力をさせていただこうと思っています。

本日のシンポジウムを通じまして、椿山古墳をより多くの市民の皆様に知っていただき、今後の保存と活用にご参加の皆さまのお力をお借りしますことをお願い申し上げて、閉会にあたりましてのお礼の言葉とさせていただきます。本日は長時間本当にありがとうございました。

協力機関

安養寺景観まちづくり協議会里山部会
坂井市教育委員会
郷やまの会
関西大学考古学研究室
京都大学考古学研究室
京都大学総合博物館
近つ飛鳥博物館
八王子市郷土資料館
守山市教育委員会
守山市埋蔵文化財センター
若狭町教育委員会

協力者

（五十音順、敬称略）

安藤辰夫
伊勢村宏
岩戸晶子
宇野日出生
河津美穂子
北川祐輔
久場健次
小林美土里
近藤匠
島崎久恵
鈴木裕明
曽羽由美子
戸原和人
畑本政美
廣瀬時習
福田さよ子
村上由美子
吉井秀夫
米田文孝

編集

雨森智美
佐伯英樹

図・写真出典

近藤 広「椿山古墳の発掘調査」

図1、図3、図6、図7、図8、図9、写真3～14『椿山古墳発掘調査報告書　平成28年度1次調査』栗東市文化財調査報告書127冊　2017

図2　近藤広「古墳時代集落における鉄器と玉作の様相―近江栗太郡の動向―」季刊『古代文化』第62巻第4号　2011

図4　守山市提供

図5『栗東市埋蔵文化財調査2001年度年報』2003

図10、図11　鈴木裕明ほか「東京国立博物館所蔵笠形木製品の研究」『MUSEUM』No.622東京国立博物館2009

写真1、2　栗東市教育委員会

一瀬和夫「巨大古墳の時代」

図1、図3、図5～9　一瀬和夫『百舌鳥・古市古墳群』2016

図2　NHK作成

図4　一瀬和夫『古墳時代のシンボル　仁徳陵古墳』（原典『大阪府史跡名勝天然記念物調査報告』第5輯）2000

表1　一瀬和夫『百舌鳥・古市古墳群』2016

写真1　八王子市郷土資料館提供
写真2『仁徳天皇陵』近つ飛鳥博物館1996（協力：株式会社ヤマネ）
写真3　国土地理院ウエブサイト

高橋克壽「安養寺古墳群を解き明かす」
図1「栗東町遺跡地図」（『栗東の歴史』第四巻より）
図2　近藤広「近江栗太郡の古墳と階層について」『古墳の木製祭具』2002
図3-1　栗東市教育委員会『栗東歴史文化遺産　椿山古墳』2021
図3-2　八幡市教育委員会『王塚古墳範囲確認発掘調査（第1～3次）報告書』2010
図3-3、図3-4　沼沢豊『前方後円墳と帆立貝古墳』雄山閣考古学選書2006
図4-1　高月町教育委員会『古保利古墳群第一次確認調査報告書』2001
図4-2　鯖江市教育委員会『今北山古墳群・磯部古墳群・弁財天古墳群』2018
図5-1、図5-2　松岡町教育委員会『泰遠寺山古墳』1984
図6　若狭町『若狭向山一号墳』2015
図7　福井県教育委員会『若狭町主要前方後円墳総合調査報告書』1997
図8右　坂井市教育委員会所蔵　小林美土里実測　転載禁止
図8左　彦根市教育委員会『荒神山古墳』2010
図9　一瀬和夫『百舌鳥・古市古墳群』2016
図10　大阪府教育委員会『土師の里遺跡』1999
図11　高橋克壽『金工技術から見た倭王権と古代東アジア』2007

図12、図13　高橋克壽『中規模古墳の動態から見た大和政権の地域支配』2019
写真1（上）　小林行雄考古学選集刊行会『小林行雄考古学選集第二巻　古墳文化の研究』真陽社　2010（京都大学考古学研究室の承諾）
写真1（下）　末永雅雄編『盾塚　鞍塚　珠金塚古墳』由良大和古代文化研究協会1991年（関西大学考古学研究室の承諾）
写真2　若狭町教育委員会提供
写真3　京都大学総合博物館所蔵（京都大学総合博物館『王者の武装』1997）

討論「椿山古墳をめぐって」

図1　羽曳野市教育委員会『羽曳野市埋蔵文化財調査報告書』68　2011
滋賀県教育委員会・滋賀県文化財保護協会『緊急地域雇用特別交付金事業に伴う出土文化財管理業務報告書』2002
栗東町教育委員会・財団法人栗東町文化体育振興事業団『1992年度年報Ⅱ』1994
図2、図3　一瀬和夫『百舌鳥・古市古墳群』2016
図4　一瀬和夫『古墳時代のシンボル仁徳陵古墳』シリーズ「遺跡を学ぶ」055　2009
図5　栗東市教育委員会『安養寺古墳群と金勝川左岸の古墳群』（栗東市遺跡巡りマップ）2019
写真1　国土地理院ウエブサイト
写真2、写真3　栗東市教育委員会
写真4　栗東歴史民俗博物館提供

資料編

安養寺山麓と金勝川左岸の古墳

栗東市教育委員会『栗東歴史文化資産1　椿山古墳』2021

狐塚古墳群

栗東町教育委員会・財団法人栗東町文化体育振興事業団『1992年度年報Ⅱ』1994

栗東町教育委員会・財団法人栗東町文化体育振興事業団『1991年度年報Ⅱ』1993

下戸山古墳

栗東町教育委員会・財団法人栗東町文化体育振興事業団『1996年度年報』1997

新開古墳群

滋賀県教育委員会『滋賀縣史蹟調査報告』第12冊　1962

栗東市教育委員会・(財) 栗東市文化体育振興事業団『栗東市埋蔵文化財調査報告2003年度年報Ⅱ』2005

栗東市教育委員会『新開西古墳群』2004

南平古墳

栗東市教育委員会・公益財団法人栗東市体育協会『2012 (平成24) 年度　年報』2014

小槻大社古墳群

栗東町教育委員会・財団法人栗東町文化体育振興事業団『1999年度年報』2001

栗東町教育委員会・財団法人栗東町文化体育振興事業団『2001年度年報』2003

地山古墳

財団法人栗東町文化体育振興事業団『1990年度年報』1991

資料編

安養寺山麓と金勝川左岸の古墳群

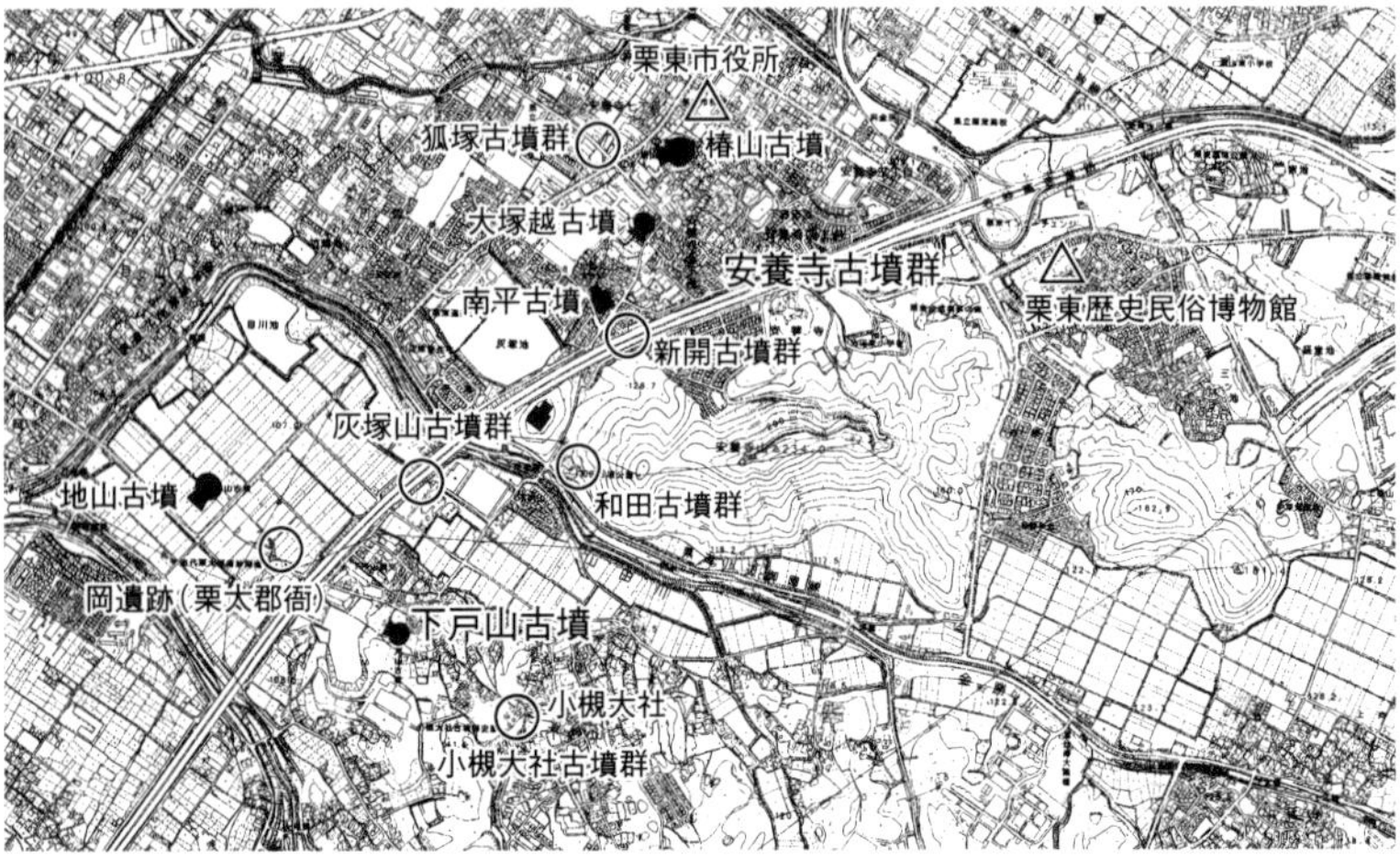

安養寺山麓と金勝川左岸の古墳群

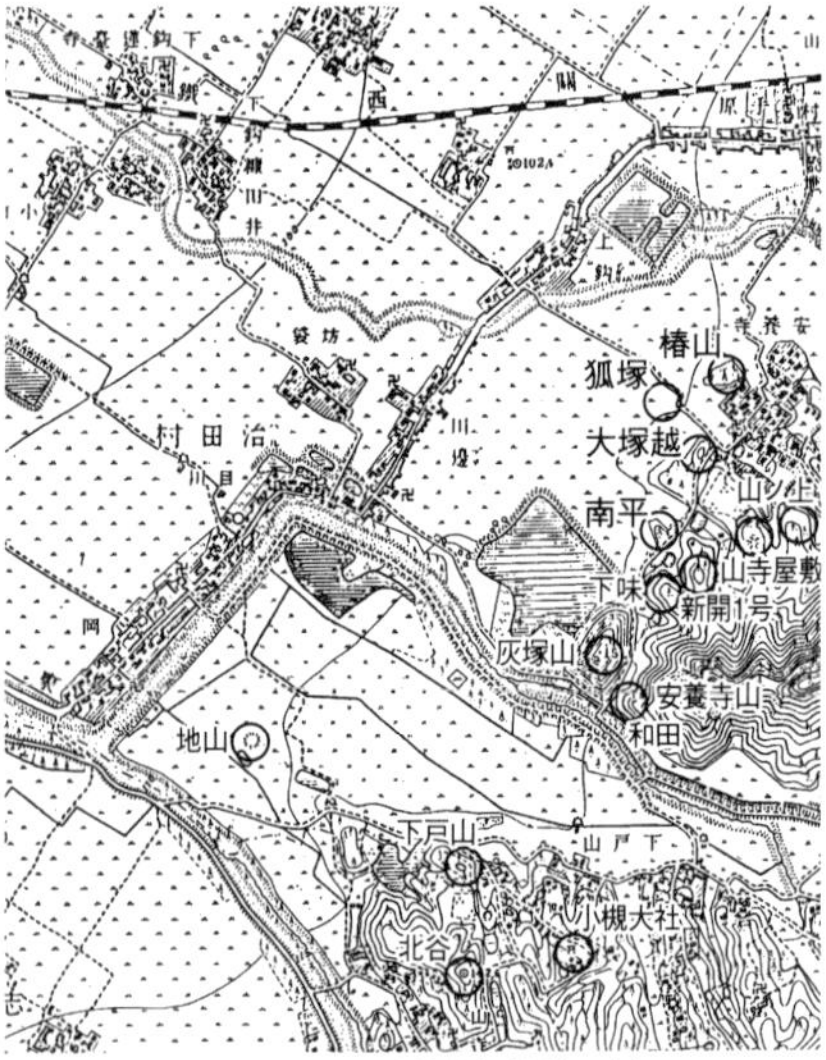

椿山古墳と周囲の古墳分布（明治28年）

出典：国土地理院（大日本帝國陸地測量部作成）に加筆

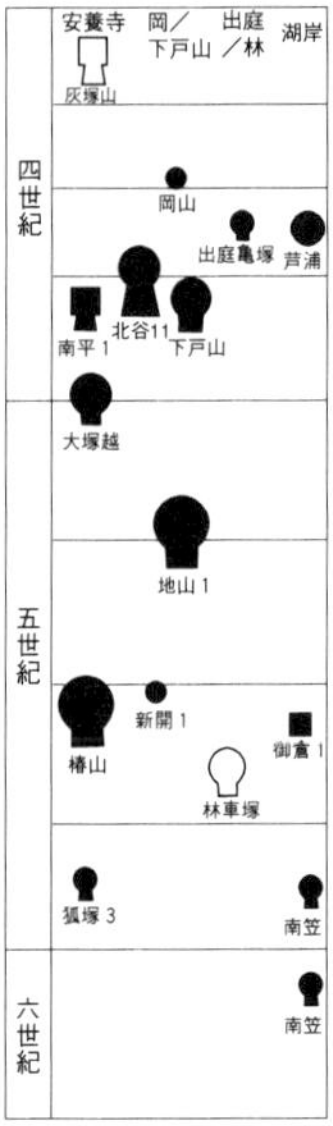

栗太郡の古墳

狐塚古墳群（栗東市安養寺）

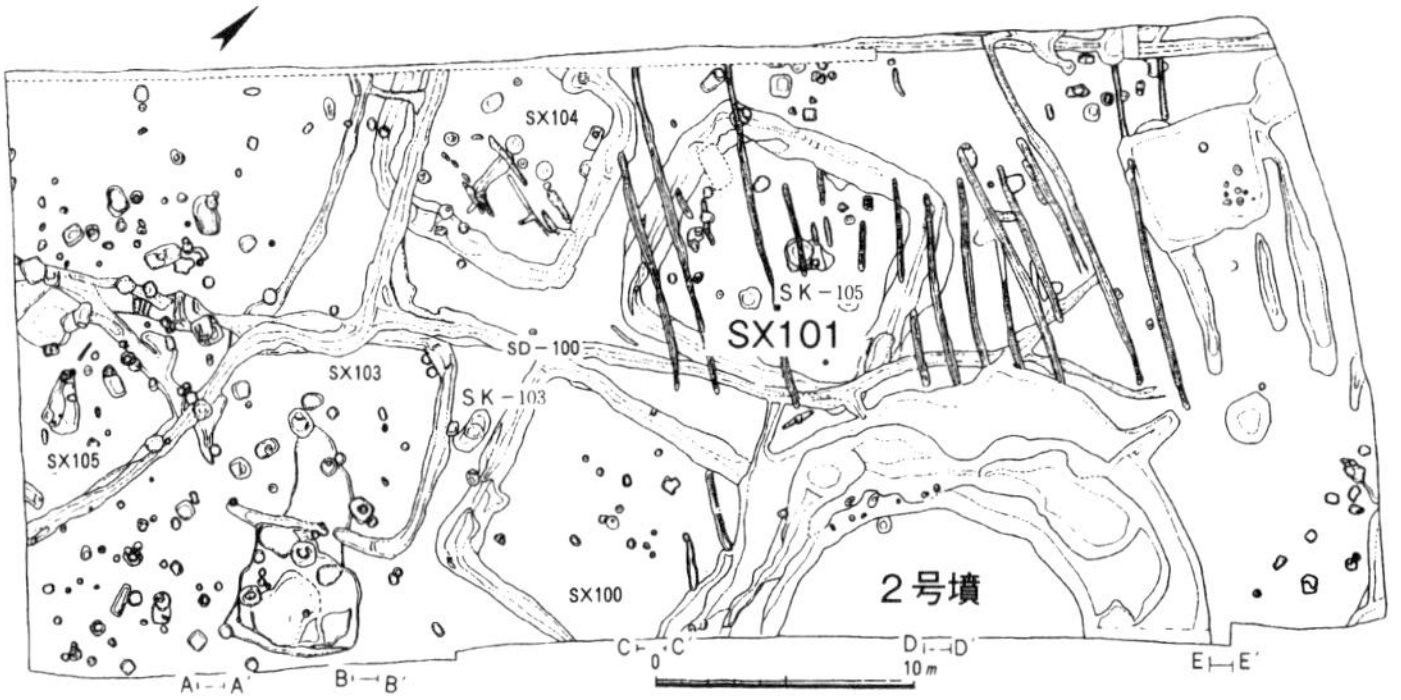

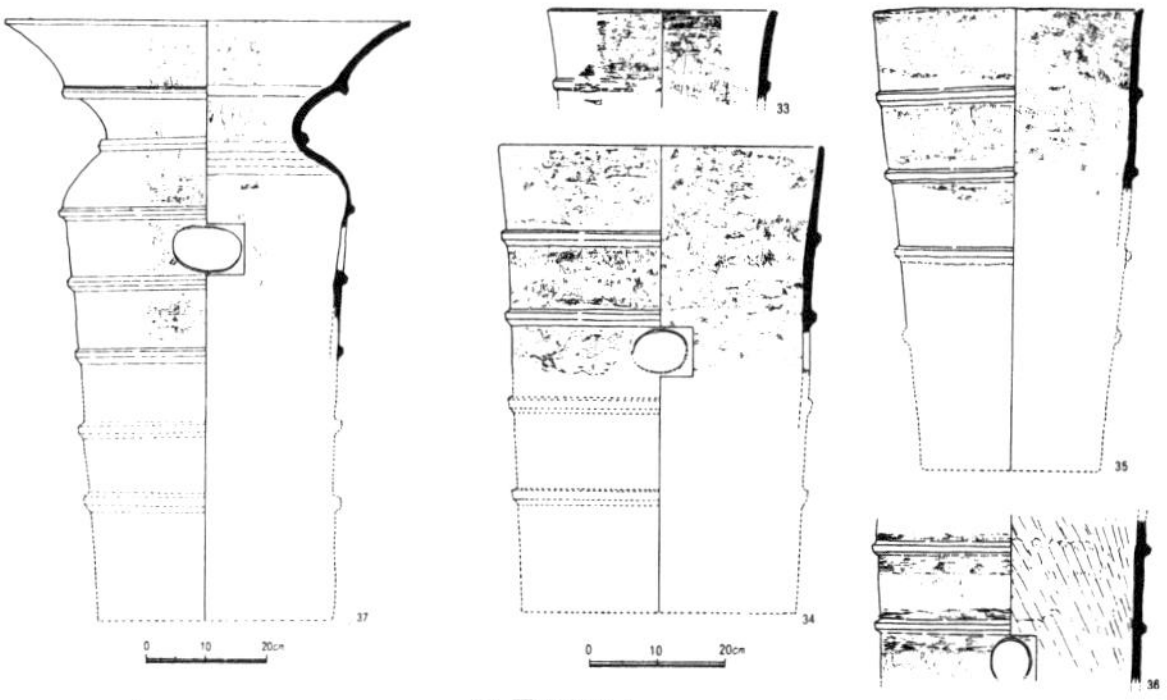

2号墳出土

狐塚2号墳
墳丘　直径12m（埋没古墳）
周濠　幅約4m
　　　深さ0.5～0.75m
5世紀中葉

方墳（SX101）
墳丘　8.2m×7.2m
　　　（埋没古墳）
周溝　幅1.0～1.5m
5世紀中葉

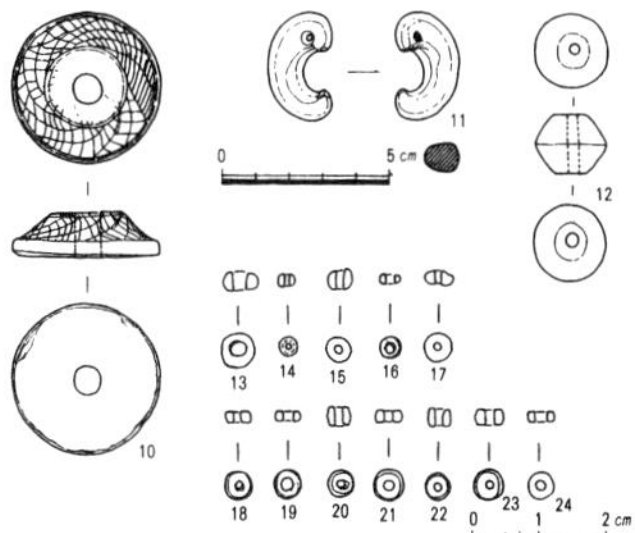

方墳（SX101）出土

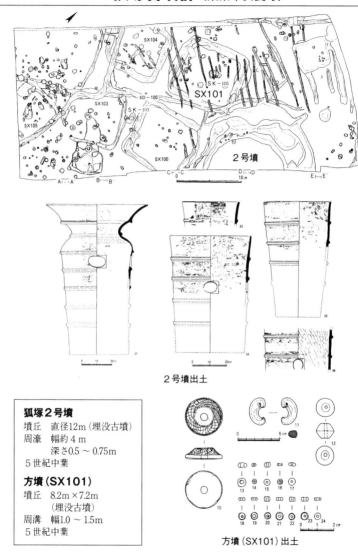

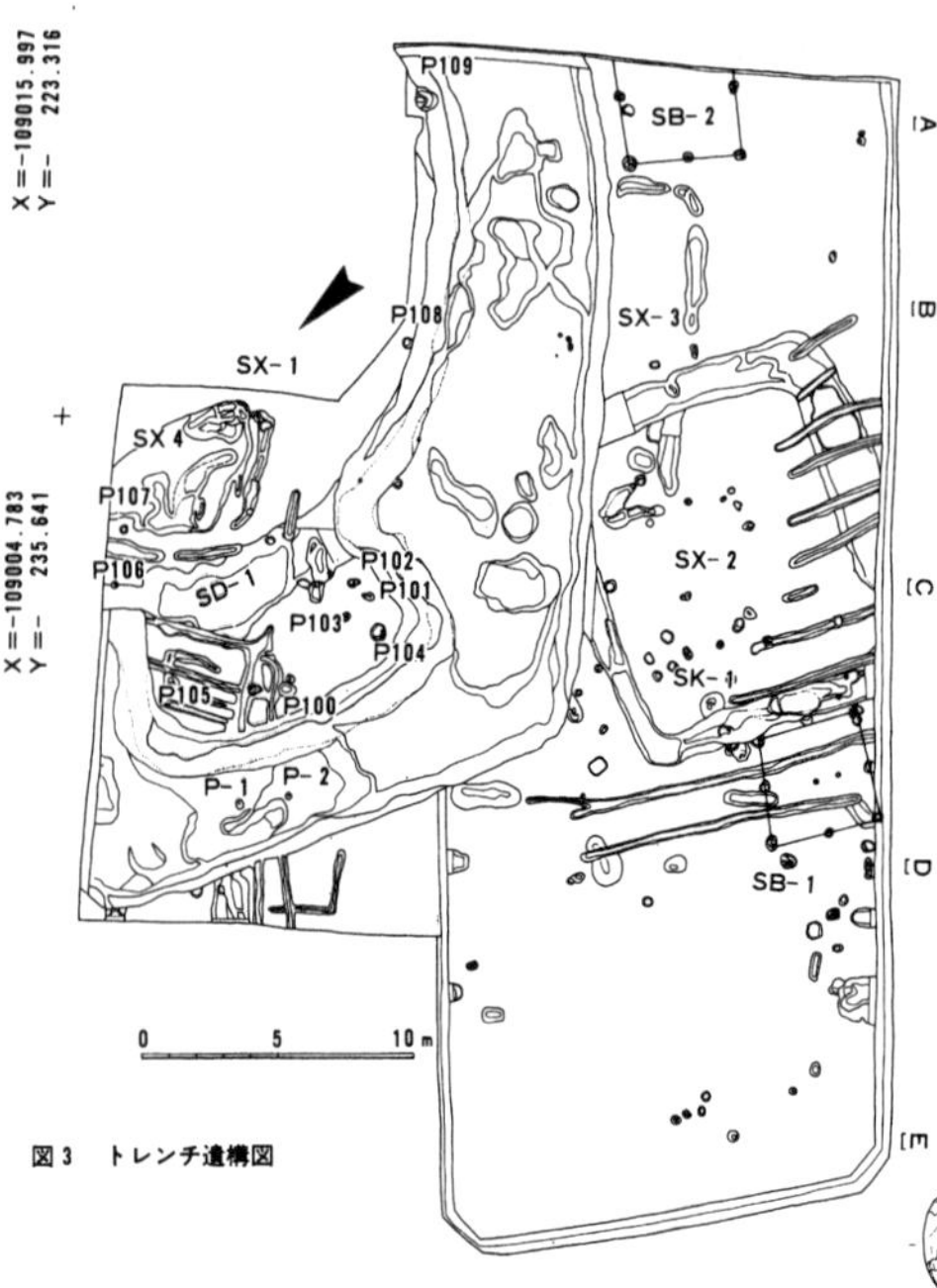

図3 トレンチ遺構図

狐塚3号墳
墳丘　全長32m（埋没古墳）
周濠　幅約4.5～6.4m
深さ0.6m
5世紀末～6世紀初頭

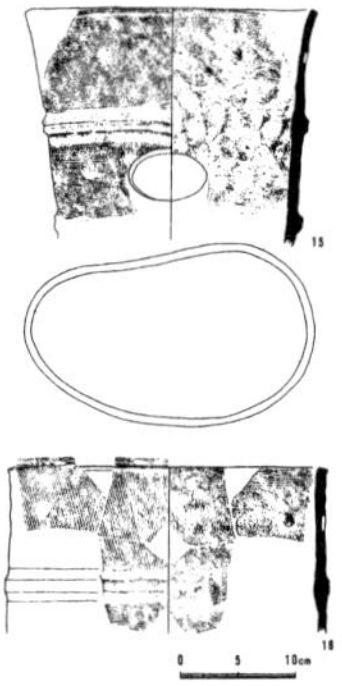

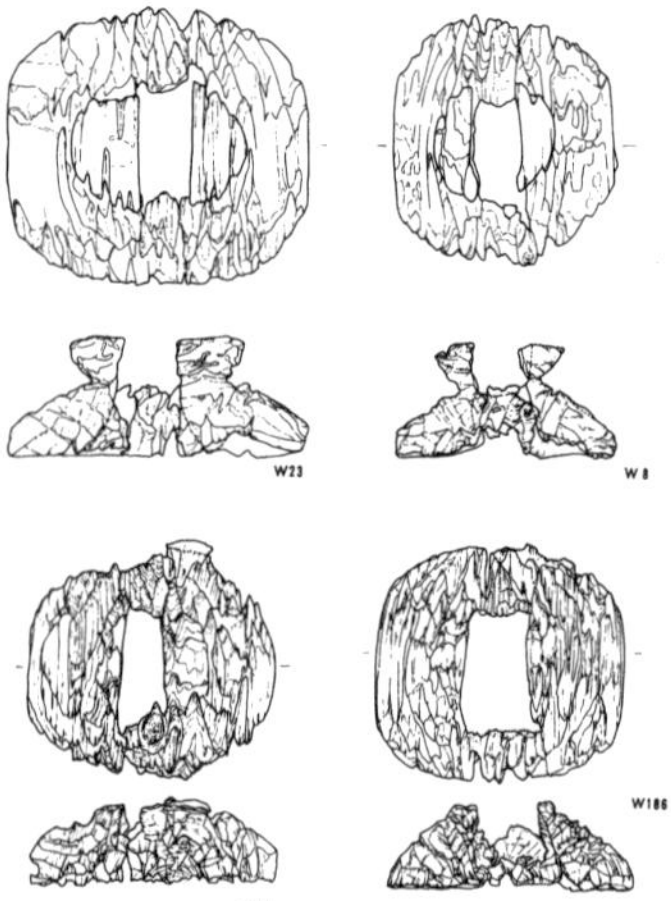

図19 3号墳出土木製品①

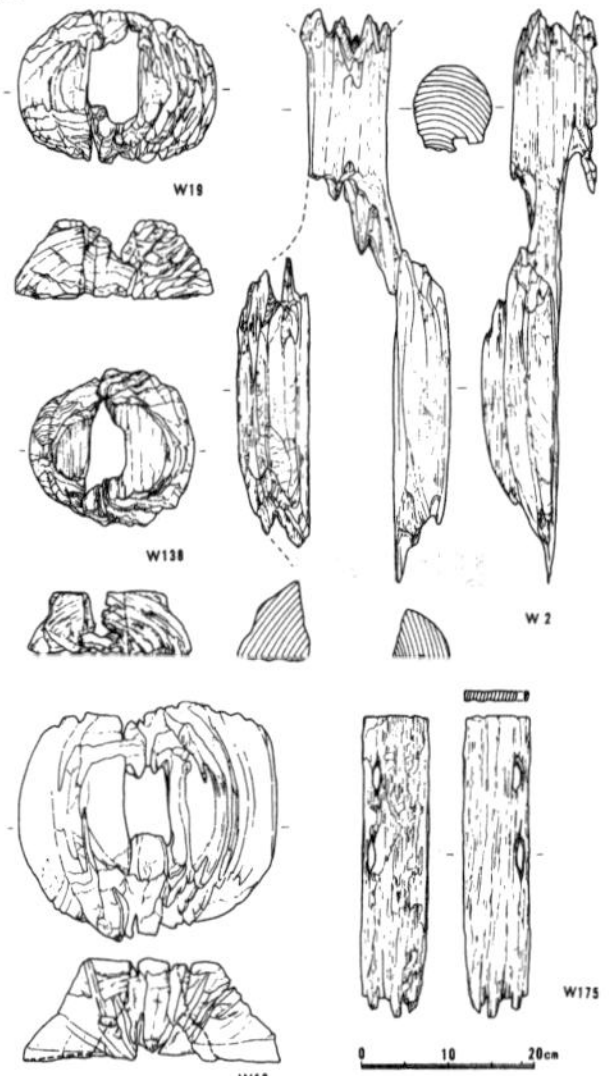

図20 3号墳出土木製品②

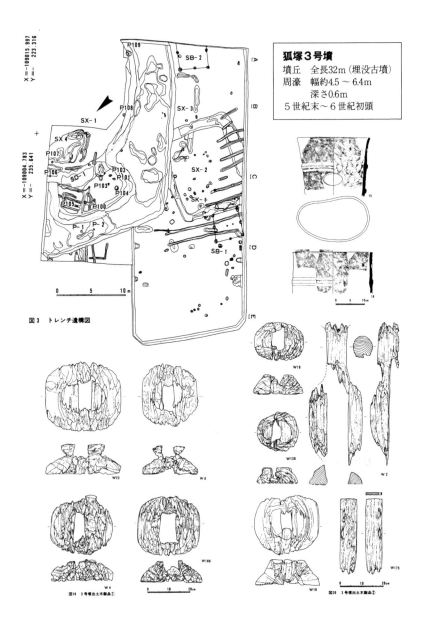

下戸山古墳（栗東市下戸山）

墳丘	直径53m
	高さ7.5m
周濠	幅４ｍ
	深さ２ｍ
４世紀後葉	

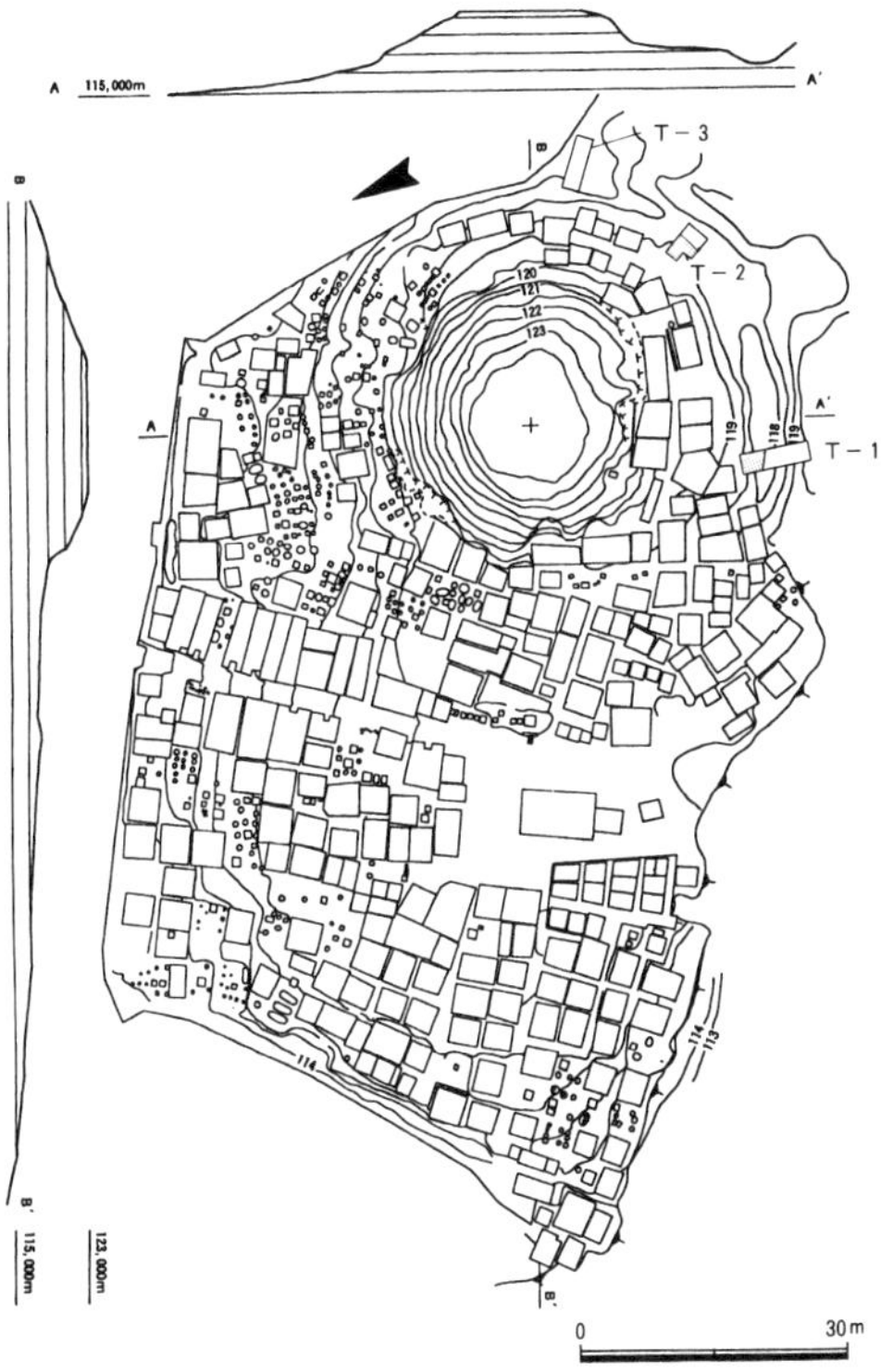

下戸山古墳墳丘測量図・トレンチ配置

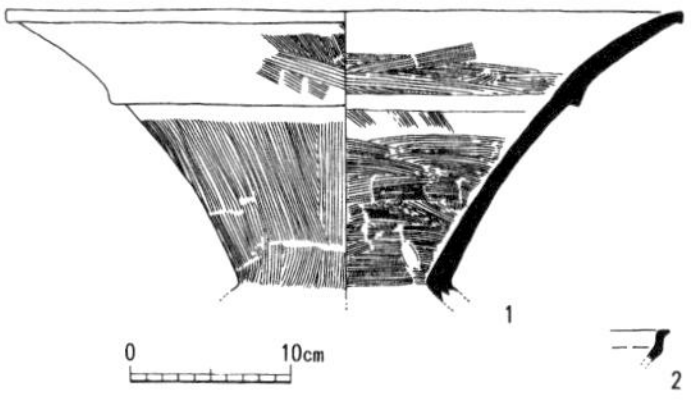

T－１出土遺物実測図　　S＝１：４

新開古墳群（栗東市安養寺）

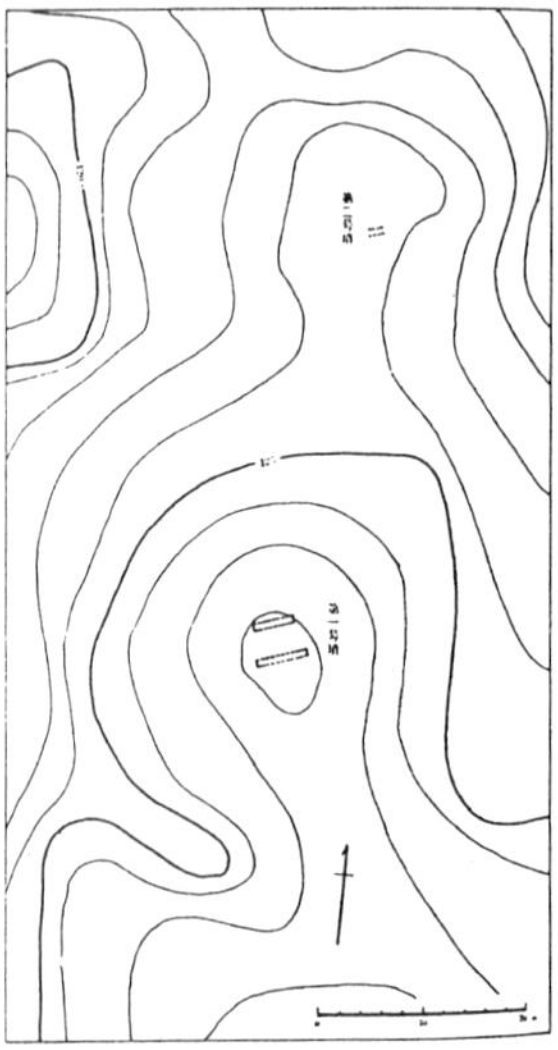

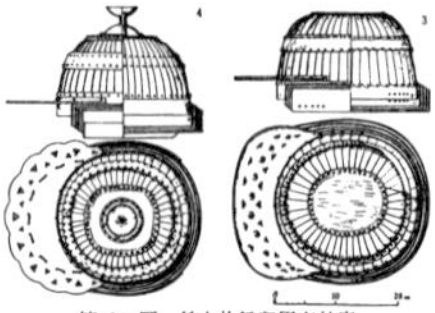

第二一図　鉄小札鋲留眉庇付冑

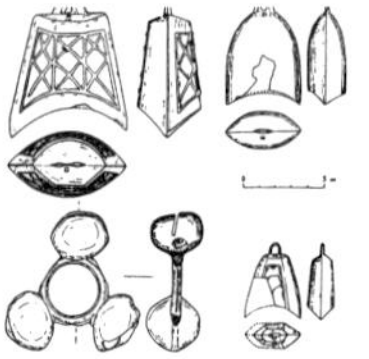

第三二図　馬鐸・環鈴

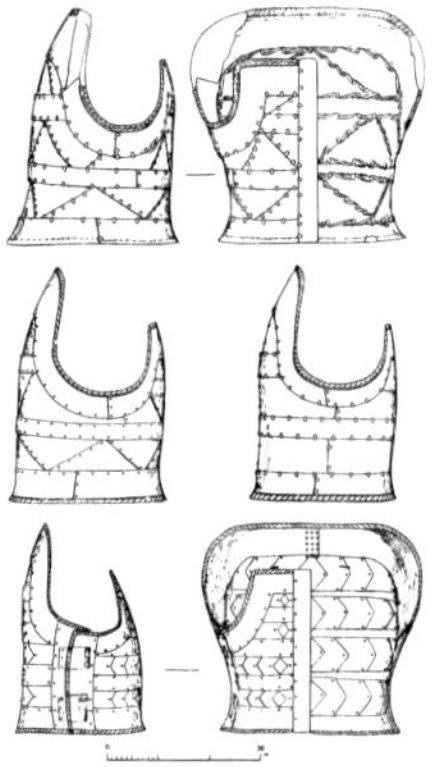

第二二図　短　甲

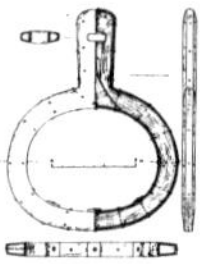

第三一図　木心鉄板張輪鐙

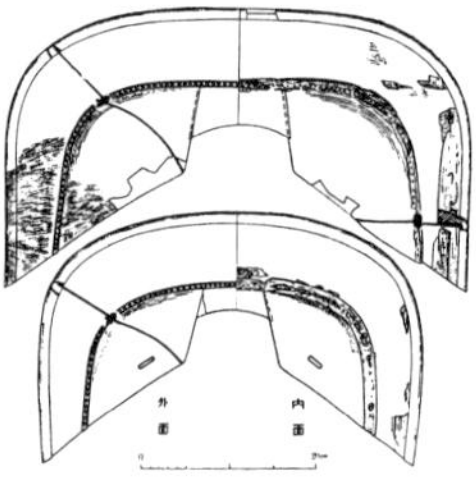

第三〇図　鉄板装木製鞍

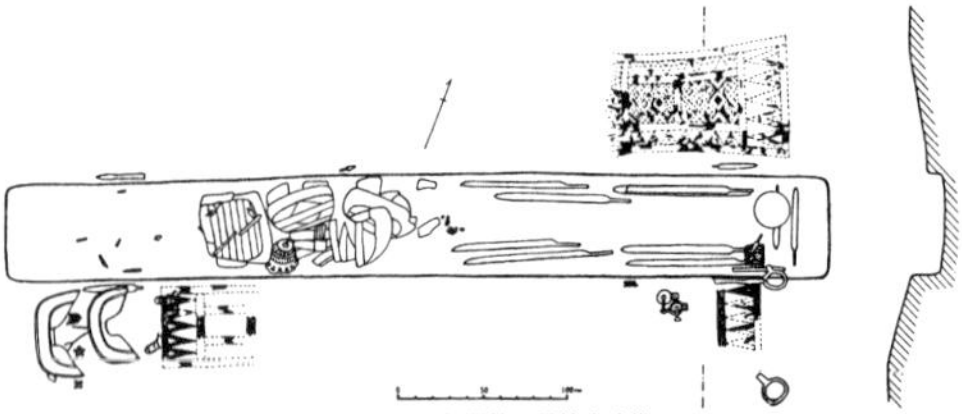

第一五図　新開第一号墳南遺構

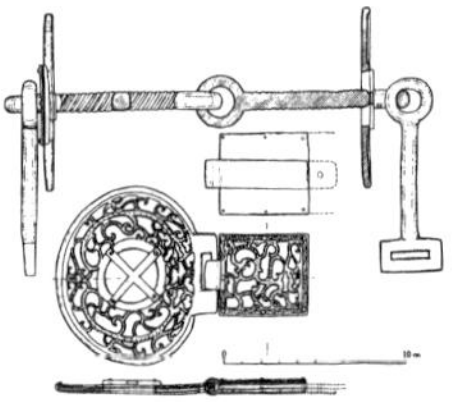

第二八図　鉄地金銅透彫鏡板付轡

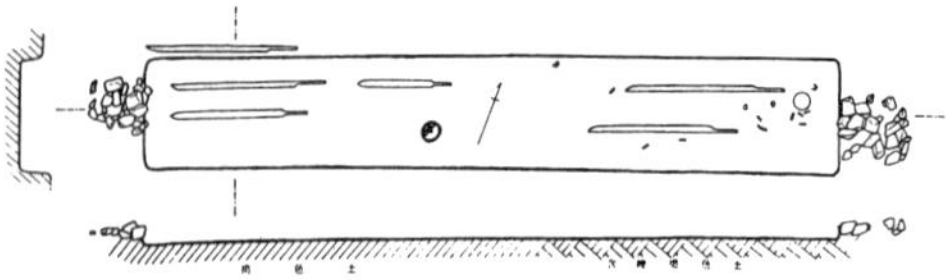

第一四図　新開第一号墳北遺構

新開１号墳
墳丘　直径36m
５世紀中葉

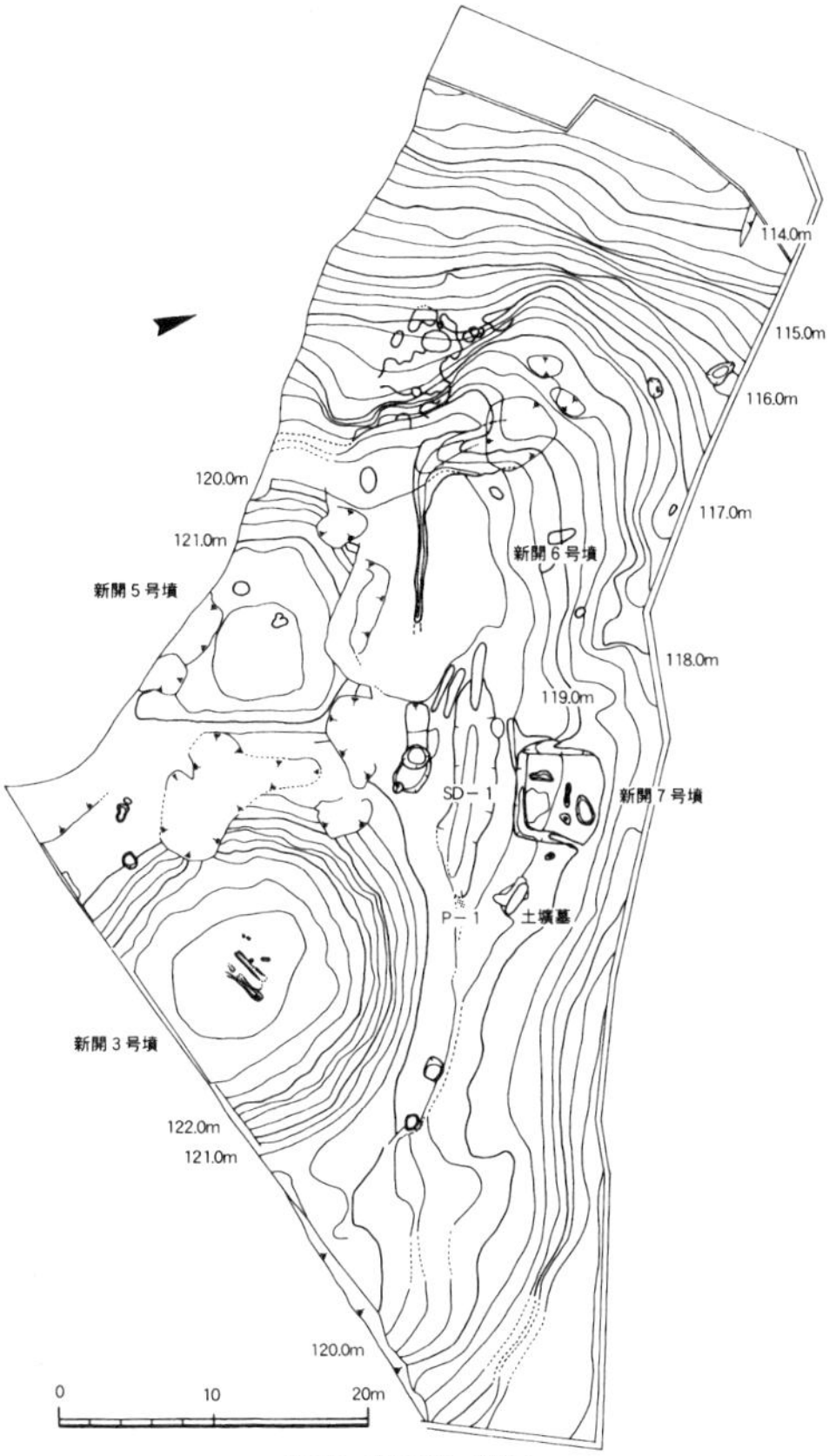

第11図　安養寺遺跡　遺構図

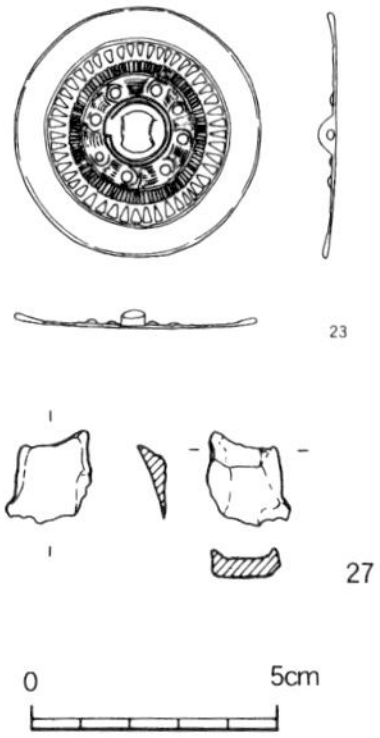

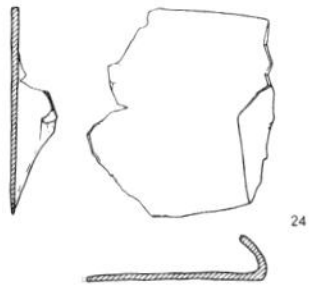

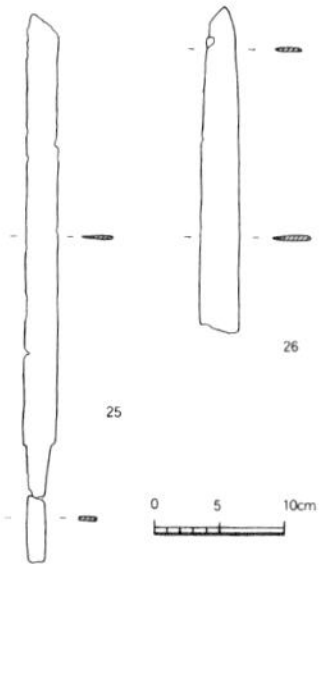

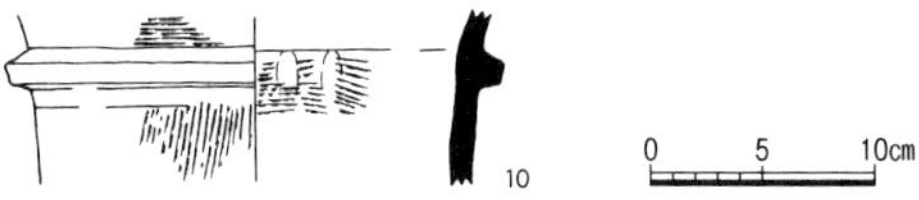

墳丘崩落出土遺物

新開３号墳
墳丘　直径22m
　　　高さ３m
５世紀中葉

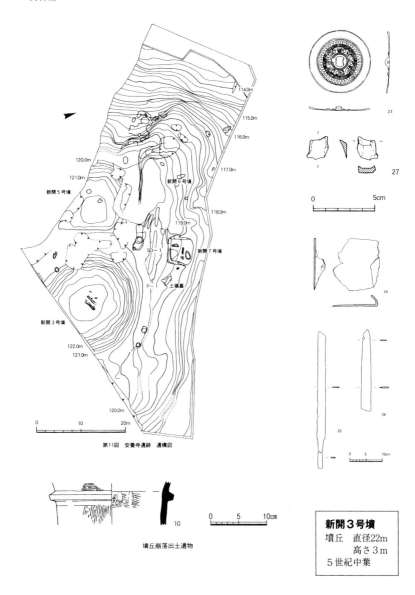

新開西古墳群（栗東市安養寺）

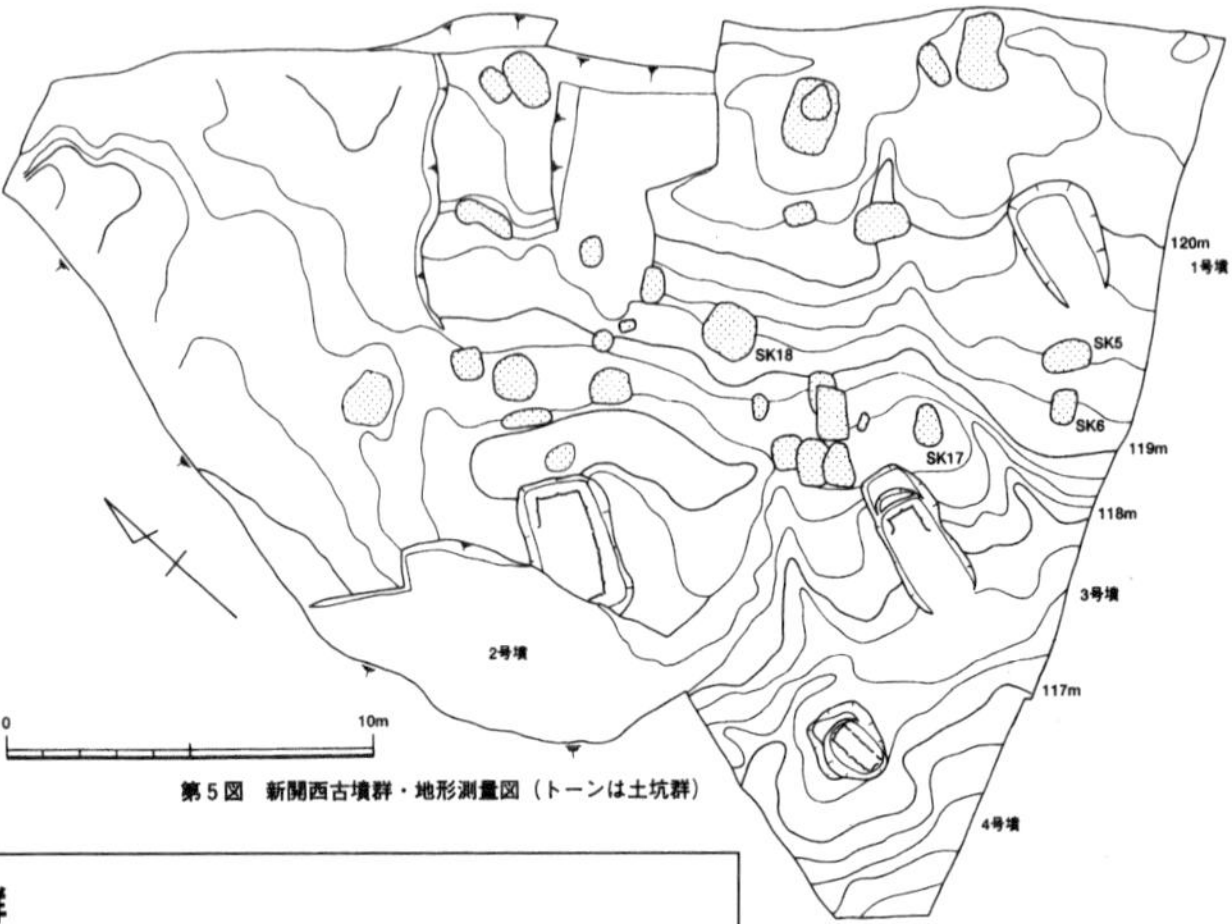

第5図　新開西古墳群・地形測量図（トーンは土坑群）

新開西古墳群

7世紀中～後葉

1号墳

石室　2.8m × 0.8m

2号墳

墳丘　10m程度（方墳もしくは円墳）

石室　2.8m × 1.15 ～ 1.4m

3号墳

墳丘　7.5m × 6m（方墳）

石室　2.8m × 0.7m

4号墳

墳丘　5m × 4.5m

石室　1.3m × 0.4m

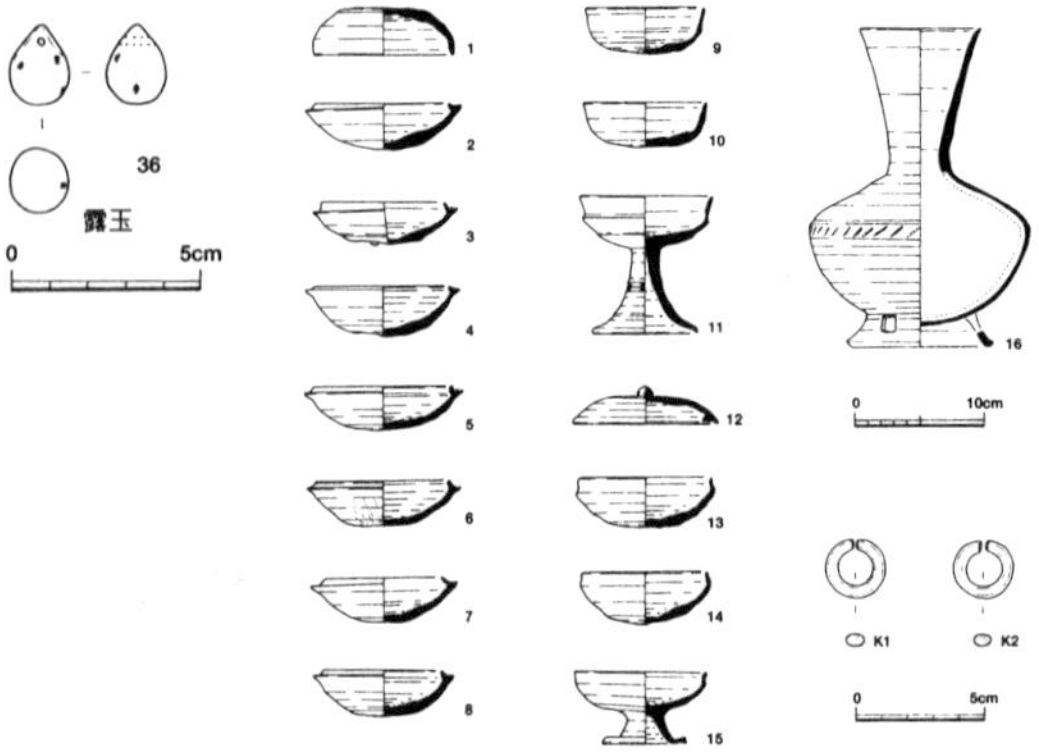

第8図　1号墳出土遺物実測図

第14図　3号墳出土遺物実測図

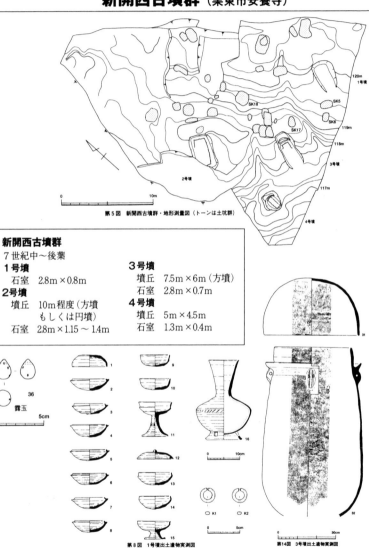

南平古墳（栗東市川辺）

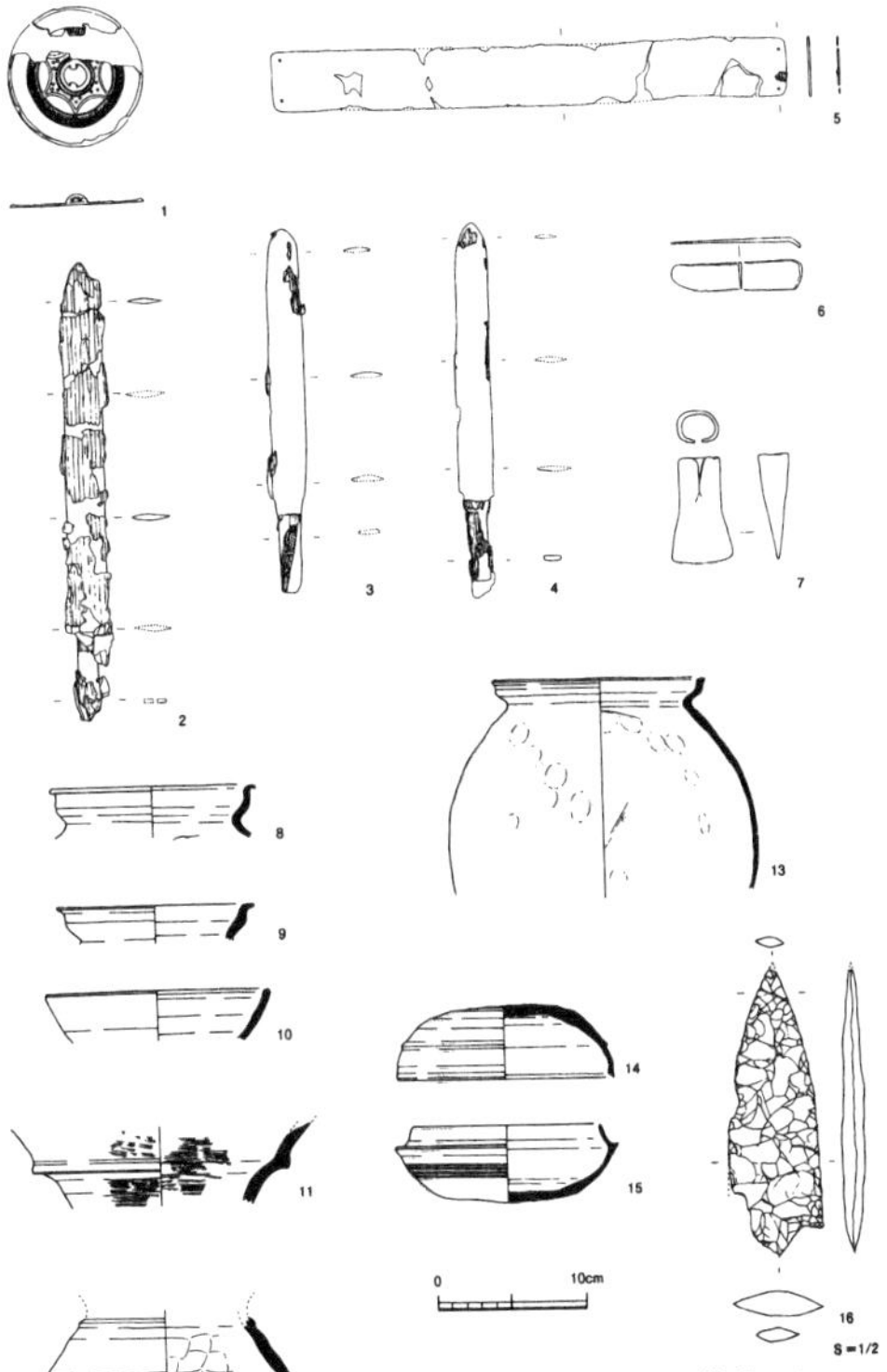

1·2:棺内、3〜7:棺外・粘土床、8〜13:墳丘・溝
14·15:2号墳墳丘、16:1号墳墳丘

出土遺物実測図

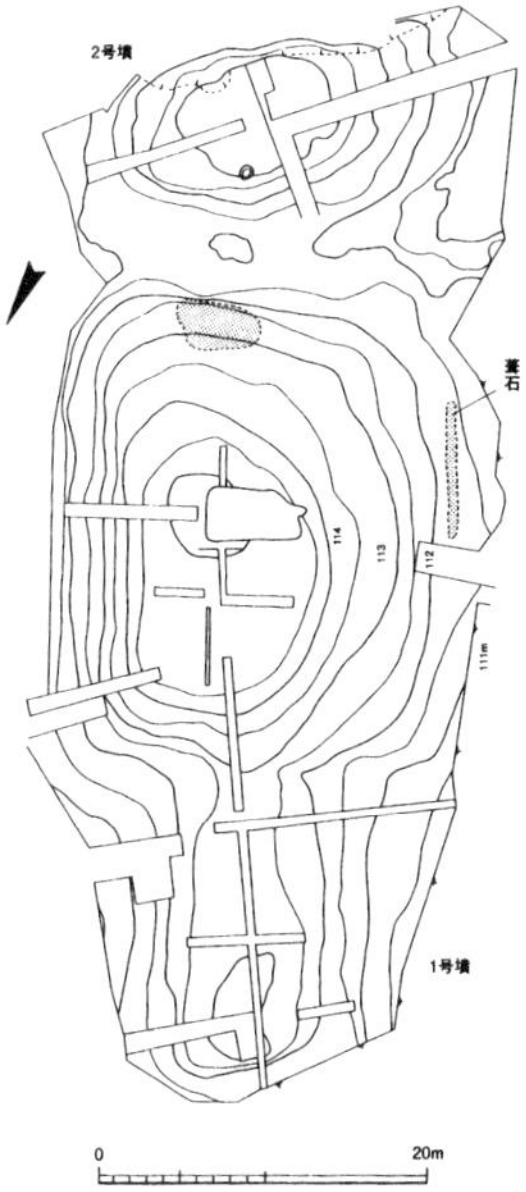

南平古墳

1号墳（前方後円墳）
墳丘　全長20m
　　　高さ5m
4世紀後半

2号墳（円墳）
墳丘　直径20m以上
6世紀

小槻大社古墳群（栗東市下戸山）

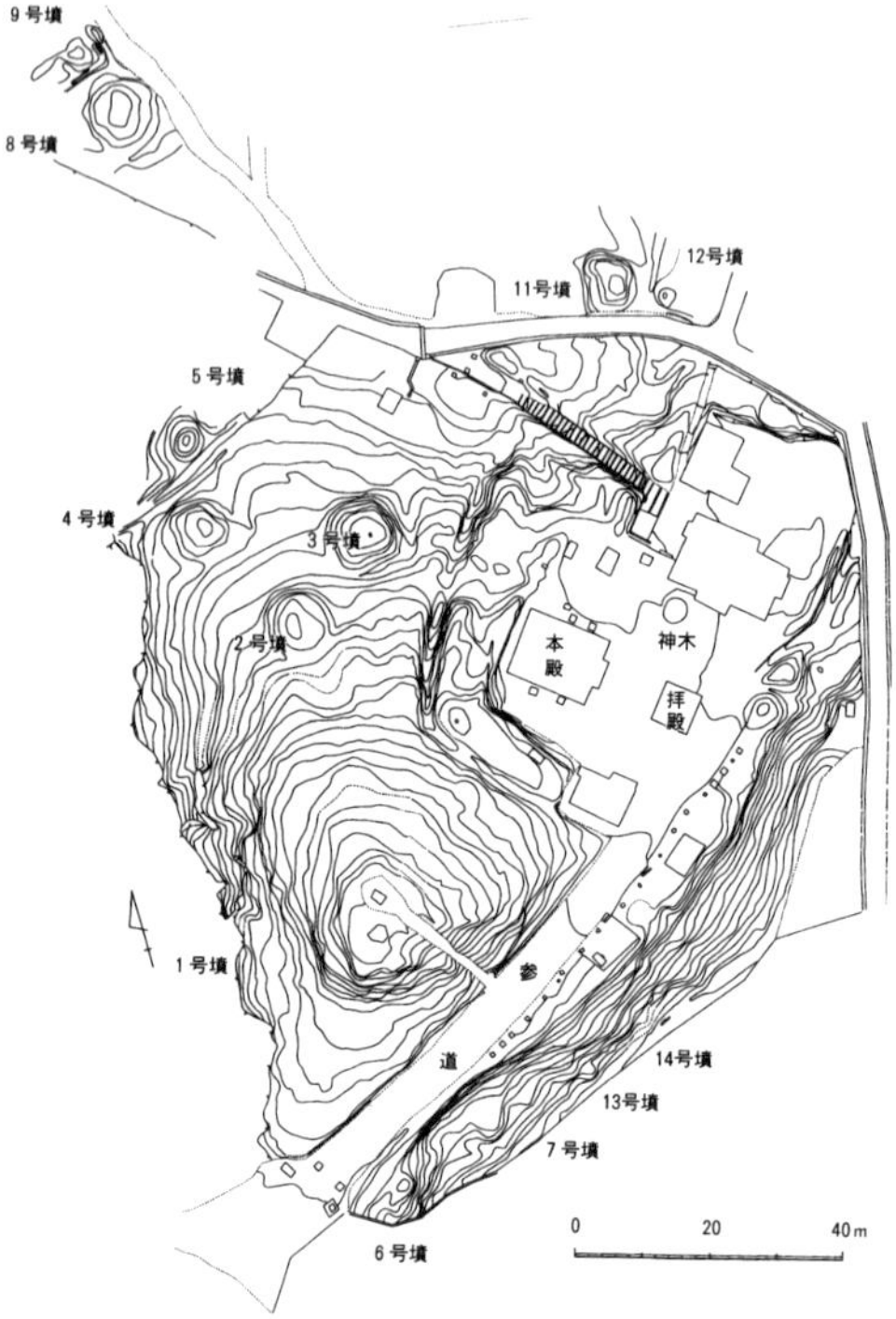

小槻古墳群

1号墳（墳形不明）

墳丘　全長25m 以上

高さ３m 程度

時期不明

10号墳（方墳）

墳丘　一辺約15m

５世紀

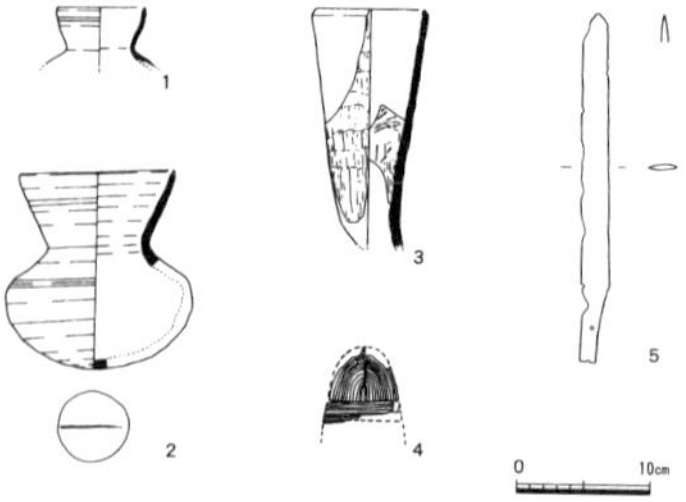

10号墳出土遺物

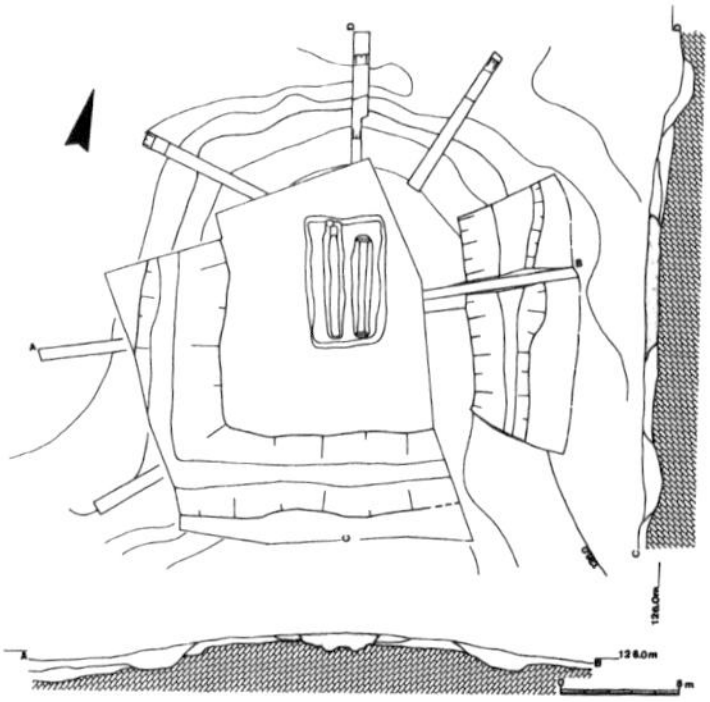

10号墳

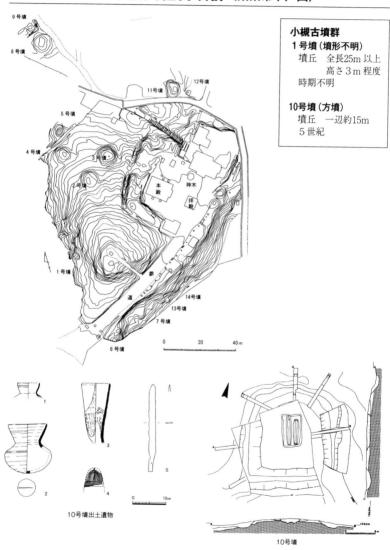

地山古墳（栗東市岡）

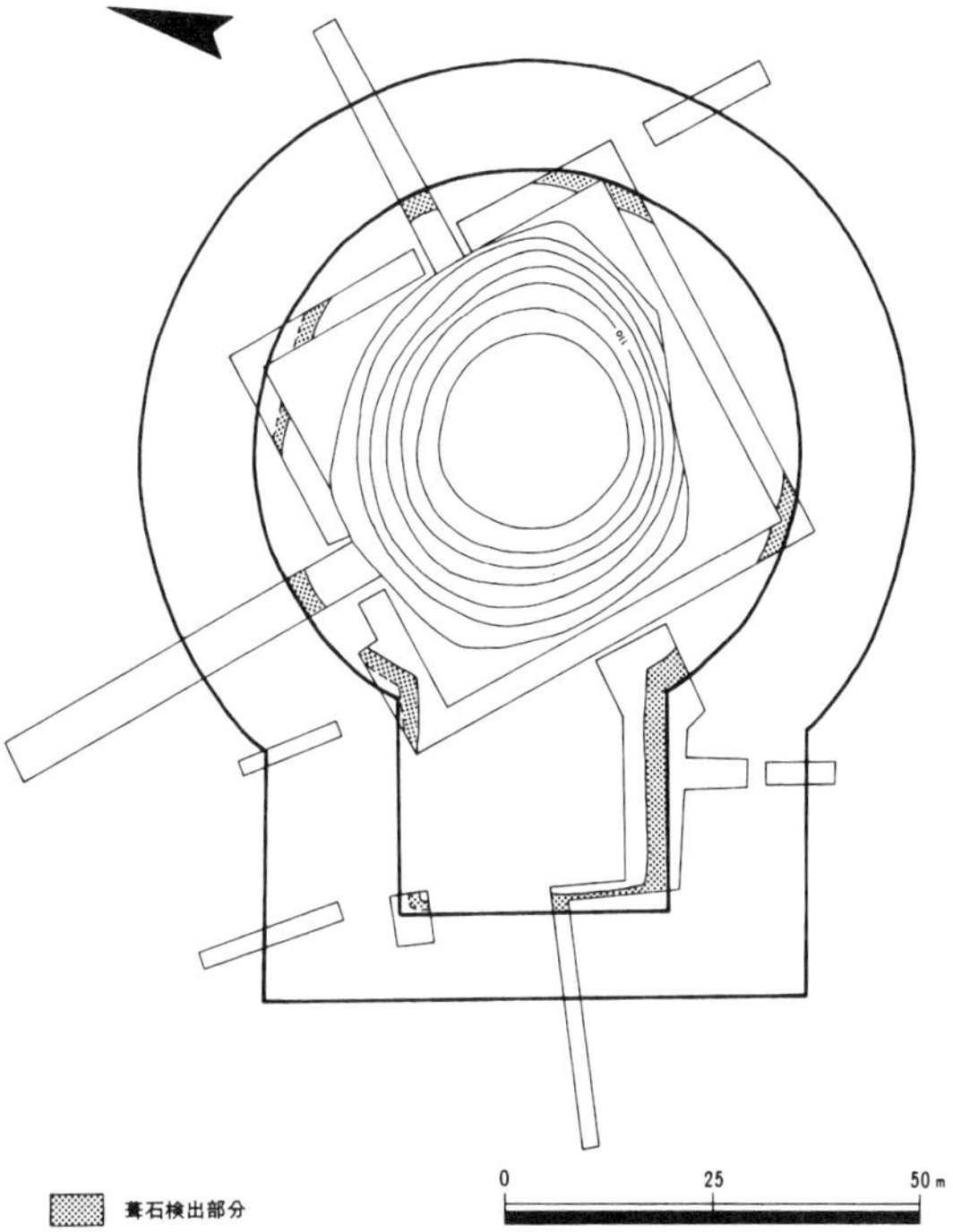

1 号墳

地山古墳

1 号墳

墳長　90m以上

後円部　直径68m

高さ 6 m

5 世紀前葉

2 号墳

周濠　幅13 ～ 15m

深さ2.8m

4 世紀後葉

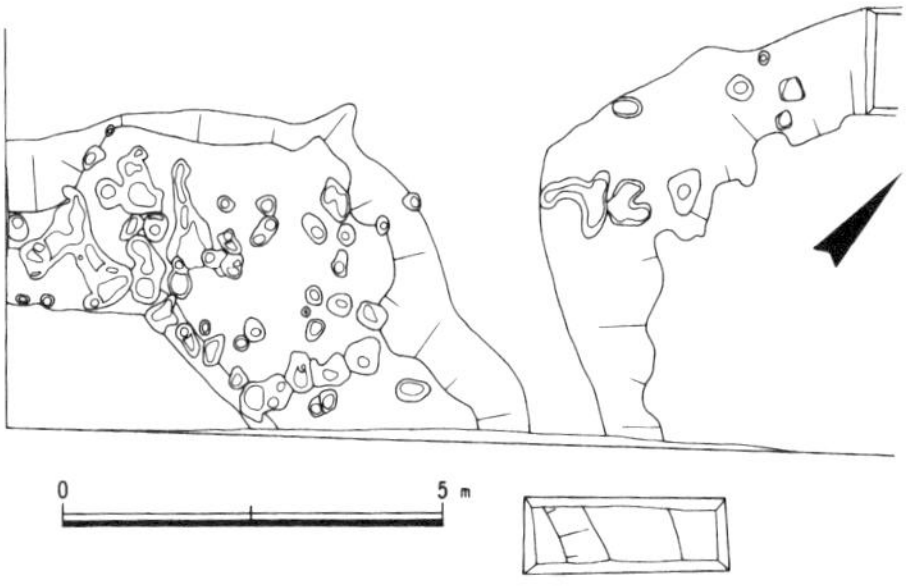

2 号墳

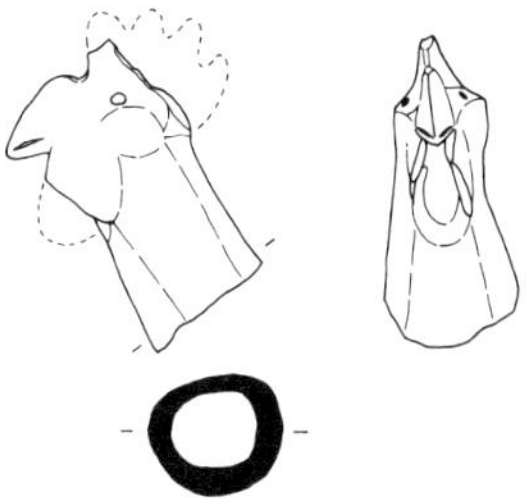

鶏形埴輪　S＝¼

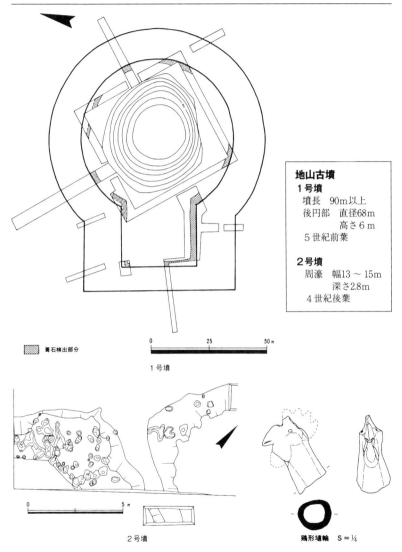

講師略歴

一瀬和夫（いちのせ　かずお）

京都橘大学文学部歴史遺産学科長
1957年生
著書：『巨大古墳の出現　仁徳朝の全盛』文英堂　2011
　　　『博物館での展示と学び』アム・プロモーション　2020

高橋克壽（たかはし　かつひさ）

花園大学文学部教授
1962年生
著書：『埴輪の世紀』講談社　1996
　　　『若狭向山一号墳』若狭町　2015

近藤　広（こんどう　ひろむ）

公益財団法人栗東市スポーツ協会文化財調査課係長
1962年生
著書：「２手工業生産②玉作り」『時代を支えた生産と技術』古墳時代の考古学５
　　　同成社　2006
　　　「積石塚のない地域　2近江」『積石塚大全』雄山閣　2017

5世紀近江《おうみ》の盟主《めいしゅ》　椿山古墳《つばきやまこふん》の実像に迫る

2021年３月31日　初版１刷発行

編　集　栗東市教育委員会
(公財)栗東市スポーツ協会

発行者　岩根順子

発行所　サンライズ出版
〒522-0004　滋賀県彦根市鳥居本町655-1
TEL 0749-22-0627　FAX 0749-23-7720

Printed in Japan　　ISBN978-4-88325-733-1